7 Im Namen Gottes bitte ich darum, die
  gesellschaftliche Teilhabe von Frauen zu fördern
  und zu ermuntern   113

8 Im Namen Gottes bitte ich darum, das
  Wachstum der armen Länder zuzulassen und
  zu fördern   131

9 Im Namen Gottes bitte ich darum, einen
  universellen Zugang zur Gesundheits-
  versorgung zu schaffen   151

10 Im Namen Gottes bitte ich darum, in
   Seinem Namen keine Kriege zu schüren   169

Epilog   187

Nachwort des Herausgebers   197

Anmerkungen   203

Inhalt

Einleitung 7

1 Im Namen Gottes bitte ich darum,
  den Missbrauch in der Kirche und seine
  Strukturen auszurotten 15

2 Im Namen Gottes bitte ich darum,
  unser Gemeinsames Haus zu schützen 31

3 Im Namen Gottes bitte ich um eine
  Kommunikation, die gegen Fake News
  kämpft und sich von der Hassrede abwendet 47

4 Im Namen Gottes bitte ich um eine Politik,
  die sich für das Gemeinwohl einsetzt 63

5 Im Namen Gottes bitte ich darum,
  dem Wahnsinn des Krieges Einhalt zu
  gebieten 81

6 Im Namen Gottes bitte ich darum,
  Einwanderern und Geflüchteten die Türen zu
  öffnen 97

Der Text dieses Buches wurde im Original in Spanisch verfasst, ins Italienische übersetzt und erschien 2022 zuerst in dieser Sprache unter dem Titel *Vi chiedo in nome di Dio* bei Mondadori Libri unter dem Imprint Piemme.

Für die deutsche Version wurde aus der Muttersprache von Papst Franziskus, dem spanischen Originaltext, übersetzt.

Vi chiedo in nome di Dio
by Papa Francesco
© 2022 Mondadori Libri S.p.A.

Sollte diese Publikation Links auf Webseiten Dritter enthalten, so übernehmen wir für deren Inhalte keine Haftung, da wir uns diese nicht zu eigen machen, sondern lediglich auf deren Stand zum Zeitpunkt der Erstveröffentlichung verweisen.

Aus Gründen der leichteren Lesbarkeit konnte eine gendergerechte Schreibweise nicht durchgängig eingehalten werden. Bei der Verwendung entsprechender geschlechtsspezifischer Begriffe sind im Sinne der Gleichbehandlung jedoch ausdrücklich alle Geschlechter angesprochen.

Penguin Random House Verlagsgruppe FSC® N001967

Copyright © 2023 Kösel-Verlag, München,
in der Penguin Random House Verlagsgruppe GmbH,
Neumarkter Str. 28, 81673 München
Umschlag: zero-media.net, München
Umschlagmotiv: Boris Stroujko / Alamy Stock Foto; FinePic®, München
Satz: Satzwerk Huber, Germering
Druck und Bindung: Friedrich Pustet GmbH & Co. KG, Regensburg
Printed in Germany
ISBN 978-3-466-37311-6
www.koesel.de

PAPST FRANZISKUS

Ich bitte im Namen Gottes

10 Gebete für eine hoffnungsfrohe Zukunft

Herausgegeben von Hernán Reyes Alcaide

Aus dem Spanischen von Barbara Röhl

PAPST FRANZISKUS
Ich bitte im Namen Gottes

Einleitung

Während meiner ersten nun tatsächlich zehn Jahre als Papst habt ihr jede Woche die gleiche Bitte von mir gehört: »Betet für mich«, habe ich euch bei Audienzen, Angelusgebeten und Reden gesagt. Ihr habt mich begleitet, und eure Gebete – bei den Gläubigen – oder eure guten Schwingungen – bei denen, die nicht gläubig sind – bedeuten mir eine stetige Kraftquelle, um dieses Pontifikat fortzuführen. Dafür möchte ich euch zuerst einmal danken. Doch ich will euch auch gestehen, dass ich heute ein wenig mehr als sonst wie ein »Bittsteller« zu euch komme und zehn Bitten mit euch teilen will, die ich im Namen Gottes vorbringe, damit wir uns der Welt der Zukunft voller Hoffnung stellen können.

Meine Beziehung zu Gott ist, wie bei allen Menschen, zutiefst menschlich. Wenn ihr die Bibel lest, werdet ihr gelegentlich auf Personen stoßen, die sich von Gott abwenden, sich vor Ihm verstecken oder mit Ihm streiten;

so wie Abraham, als er mit Gott um die Gerechten aus Sodom »feilscht«. (Gen 18,36)

Eine Beziehung zu Gott ist gut, wenn sie sich mit dem Alter entwickelt, statt in der Kindheit steckenzubleiben, und offen ist. Sie ist eine Verbindung, die täglich reift und offen ist für Missverständnisse, Streit und die Versöhnung am nächsten Tag. So versuche ich es zu halten, wenn es auch dunkle Momente gibt.

Ich weiß, dass Er da ist, und das sage ich nicht nur so. Manchmal schweige ich nur und lasse Ihn reden, sich bemerkbar machen. Es ist eine Lebensgemeinschaft.

Manchmal verstehe ich Ihn auch nicht; Er hat so seine Art. Eines ist mir auf jeden Fall klar, und das ist der Stil Gottes mit mir und der ganzen Welt: ein Stil der Nähe, des Mitgefühls und der Innigkeit. Und ich strebe danach, dass meine Beziehung zu Ihm genauso ist.

Manchmal ist sie formell, beispielsweise, wenn ich die Sakramente feiere. Auf jeden Fall versuche ich, wenn ich in diese Förmlichkeit eintrete, dass sie nicht »gekünstelt« wirkt und mit Spontaneität vereinbar ist. Allgemein ist sie spontan und besteht nicht aus Reden, Reden und nochmals Reden. Sie bedeutet auch, in Stille und Kontemplation zu verharren.

Als junger Mensch half es mir sehr, von einem Heiligen zu lesen, der behauptete, die ganze Zeit in der Kapelle zu verbringen, und als er gefragt wurde, was er dort mache und wie er mit dem Herrn spreche, antwortete er: »Ach, keine Ahnung, Er schaut mich an und ich Ihn.« Manchmal ist die Beziehung zu Gott so, ohne Worte. Dieses Beispiel betrifft den Heiligen; ich selbst bin von dieser mystischen Stufe weit entfernt. Ich muss jeden Tag darum kämpfen.

Was ich empfinde, ist Liebe zu Gott. Du kannst Gott nicht lieben, wenn du dich nicht geliebt fühlst. Und manchmal im Leben hindert einen die Undankbarkeit daran: Sie bedeutet, sich von jemandem, der einen liebt, nicht geliebt zu fühlen. Die Hauptsache ist aber, sich geliebt zu fühlen.

Heute stelle ich euch diese zehn Themen vor, bei denen wir, die ganze menschliche Familie, unsere Kräfte zusammentun müssen und zu denen ich euch auch einige Vorschläge machen will. Ich möchte euch dazu aufrufen, gemeinsam zum Teil eines Veränderungsprozesses zu werden.

Wie diverse Analytiker ins Gespräch gebracht haben, durchlebt die Welt von heute eher eine Zeitenwende als eine Zeit des Wandels. Schon vor der Pandemie, unter deren Auswirkungen wir immer noch leiden, und dem Krieg in der Ukraine, der das Herz Europas zerreißt und katastrophale Auswirkungen auf die ganze Welt hat, stand diese Diagnose fest. Falls noch Zweifel daran bestanden, dass die Menschheit an einem Scheideweg steht, dann haben die letzten zwei Jahre sie zerstreut.

Die Kirche durchlebt einen ähnlichen Moment, insbesondere, da wir nicht mehr an eine Institution denken können, die sich von dem, was um sie herum geschieht, isoliert, sei es bezüglich der positiven oder der negativen Veränderungen, wie es das Zweite Vatikanische Konzil so schön in *Gaudium et spes* lehrte. Wenn die Welt sich wandelt, verändert die Kirche sich mit ihr, denn sie ist die Realität, in der sie verwurzelt ist. Daher richten sich diese Bitten im Namen Gottes auch an das gesamte Volk Gottes.

Dieser Zeitenwandel, den zu durchleben unser Los ist, hat viele Sorgen in den Vordergrund treten lassen, die vor einigen Jahren noch nicht so sichtbar waren, wie sie es verdient hätten. Ich denke zum Beispiel an die Ablehnung jeglicher Gewalt gegen Frauen oder den Kampf gegen alle Arten des Missbrauchs innerhalb und außerhalb der Kirche.

Und, ob uns nun einige der Veränderungen, die die Welt in den letzten Jahren durchgemacht hat, gefallen oder nicht, dies ist die Zeit, die wir zu durchleben haben, und wir können nicht tatenlos dabei zusehen. Der erste Anstoß dazu, alle gemeinsam diese zehn Bitten im Namen Gottes voranzubringen, ist diese tatsächliche Realität. Dabei kommt mir ein Satz des Literaturnobelpreisträgers Bertrand Russell in den Sinn, der erklärte, dass »die wirkliche Welt zu verstehen, wie sie ist und nicht, wie wir sie uns wünschen würden, der Beginn der Weisheit ist«.[1]

Wir sehen uns einer Welt gegenüber, die in Veränderung begriffen ist und uns auffordert, ebenfalls neue Veränderungen hervorzubringen. Das heißt nicht, das, was man sein ganzes Leben lang geglaubt oder verfochten hat, zugunsten einer vorübergehenden Mode fahren zu lassen, sondern darauf vorbereitet zu sein, dass der Glaube ein bedeutendes und kreatives Wort in dem neuen Kontext mitzureden hat, den wir schaffen müssen. Ich denke zum Beispiel an die Veränderungen, zu denen die Einführung der fortgeschrittenen Technologie in der Telekommunikation geführt hat, und daran, wie stark sie viele alltägliche Aspekte im Leben von Milliarden Menschen weltweit verändert hat. Zudem ist auf dem Gebiet der Gesundheit und der Bioethik die Einbeziehung der Künstlichen Intelligenz eine Herausforderung für die Menschheit.

Für viele Menschen ist die Welt im Begriff, nicht nur zu einem ungerechteren Ort zu werden, sondern aufgrund der Kriege und der globalen Erwärmung, die das Überleben Tausender von Arten in große Gefahr bringen – unsere eigene eingeschlossen – auch zu einem gefährlicheren. Doch wir haben den Vorteil, dass die Menschheit, die diese Situation hervorgerufen hat, sie auch beheben kann (und natürlich muss).

Denken wir an unsere Schwestern und Brüder, die Migranten und Flüchtlinge. Sie sind das vielfache konkrete und lebendige Beispiel für die katastrophalen Folgen einiger Probleme der Welt, in der wir leben. Öffnen wir diesen Anderen, die oft mit ihrer Familie Tausende Kilometer zurückgelegt und nur das einzige Ziel haben, ein wenig glücklicher zu werden, unsere Herzen und strecken wir ihnen die offenen Hände entgegen. Sie sind diejenigen, die auf der Flucht sind, doch es könnte jeden von uns treffen.

Viele der Situationen, um derentwillen ich im Namen Gottes um Umkehr bitte, erfordern gemeinschaftliche Anstrengungen, die uns vereint als die eine menschliche Familie antreffen, die wir sind. Zugleich ist wahr, dass manche der Herausforderungen, vor denen die Welt steht, sich nur unter fester Einbeziehung derer, die größere Verantwortung tragen, lösen lassen. Klar scheint jedoch in jedem der Fälle zu sein, dass wir unsere Aufgabe nicht bewältigen werden, wenn wir den Wandel nicht auf persönlicher Ebene bei jedem einzelnen von uns beginnen.

Dazu vertraue ich stark auf die Fähigkeit der jungen Menschen, sich zu organisieren, zu mobilisieren und Veränderungen zu erreichen. Bei einigen dieser Themen, zu denen ich im Namen Gottes bitte, ist es unerlässlich, dass wir eine Jugend haben, die bereit ist, sich in einer Politik zu engagieren, die im Dienste eines wahren, universellen Gemeinwohls steht. Ich erinnere mich da an die schöne Definition eines italienischen Autors, der hervorhob, dass die jungen Menschen das Potenzial besitzen, »der Politik ihre verlorene Moral zurückzugeben; sie haben die Möglichkeit, das menschliche Zusammenleben anders, neu zu definieren«.[2]

Denken wir zum Beispiel an den Schutz unseres Gemeinsamen Hauses. Wir erleben zwar, wie einige Länder in letzter Zeit auf diesem Gebiet aus einer »Siesta« der Untätigkeit erwachen, aber was tun wir, jeder einzelne von uns? Es geht nicht nur darum, ein gutes Gefühl zu haben, weil man den Müll recycelt oder im Rahmen seiner materiellen Möglichkeiten nach einer Lebensweise sucht, die weniger aggressiv mit der Erde umgeht. Selbst zu der Veränderung zu werden, die wir uns wünschen, ist die beste Art, von den Verantwortlichen zu fordern, dass sie dringende und notwendige Maßnahmen ergreifen.

Ich stelle auch Überlegungen zum Thema Wirtschaft an: Ist es legitim, wenn ich mich über den Mangel an Mitteln für die Krankenhäuser oder den Zustand der Straßen beklage, wenn ich, sobald ich an der Reihe bin, meine Steuern zu zahlen, in die andere Richtung sehe oder nach Schlupflöchern im Gesetz suche? Bereiten wir doch den Veränderungen, die wir von »denen da oben« fordern, mit unseren kleinen alltäglichen Handlungen den Weg.

Bei vielen dieser Themen scheint es, als hätten wir bezüglich der Diagnose der Lage bereits einen breiten Konsens gefunden; nun fehlt noch, dass wir ans Werk gehen. Der Dichter Rainer Maria Rilke schrieb einen Vers, der in dieser Richtung inspirierend sein kann: »Die Arbeit der Augen ist getan. Nun gehe und tue die Arbeit des Herzens mit den Bildern, die in dir gefangen sind«.[3]

Ich bitte euch also, mich dabei zu begleiten, gemeinsam diese zehn Bitten im Namen Gottes vorzubringen.

1

Im Namen Gottes bitte ich darum, den Missbrauch in der Kirche und seine Strukturen auszurotten

Ich kann nicht beginnen, ohne ein weiteres Mal um Vergebung zu bitten. Unsere Worte der Reue und des Trosts für die Opfer sexuellen Missbrauchs durch Mitglieder der Kirche werden niemals ausreichen. Wir haben zutiefst gesündigt: Tausende von Leben sind durch die, die sie behüten und beschützen sollten, zerstört worden. Was immer wir tun, um den Schaden, den wir angerichtet haben, wieder gutzumachen, wird nie genug sein.

Wir wollen der Gesellschaft in die Augen sehen und ihr mitteilen, dass wir entschlossen sind, gegen dieses Übel zu kämpfen. Dass wir einen Wandel der Strukturen suchen, die jahrelang den Rahmen für Missbrauch, Vertuschung und Fahrlässigkeit abgegeben haben. Dass wir neue Bestimmungen einführen, damit wir über das nötige Instrumentarium verfügen, um dieser Geißel auf den Grund zu gehen und sie zu bekämpfen. Angesichts dessen, wie wenig wir in der Vergangenheit unternommen haben, können wir uns in Zukunft nicht stark genug dafür einsetzen, dass diese Verbrechen sich nicht wiederholen und nicht vertuscht oder unter den Teppich gekehrt werden. Gegenüber der Tragödie des Missbrauchs muss die Haltung der Kirche ein unmissverständliches, aufrichtiges »Nie wieder« sein, das uns in die Lage versetzt, uns an einen Tisch mit den Opfern, ihren Familien und der ganzen Gemeinschaft zu setzen und ihnen zu erklären, welche Schritte wir schon getan haben und an welchen Veränderungen wir arbeiten. Die vor Jahren eingeleitete »Null-Toleranz-Politik«, um uns diesem unmenschlichen Phänomen zu stellen, muss unsere Richtschnur und unser Ziel sein. Wir machen uns den Schmerz der Opfer und ihrer Familien zu eigen, und das ist unser Anstoß, uns einmal mehr darin zu bestärken, den Schutz von Minderjährigen und vulnerablen Erwachsenen zu garantieren.

Jeder einzelne Fall ist eine Ungeheuerlichkeit. Wir arbeiten dafür, dass keiner mehr vorkommt.

Wir können uns nicht (mehr) damit herausreden, dass »die Plage des sexuellen Missbrauchs leider historisch ein in allen Kulturen und Gesellschaften verbreitetes Element« ist.[4] Wenn der Missbrauch Minderjähriger durch Mitglieder der Kirche begangen wird, ist er nicht mehr nur ein abscheuliches Verbrechen, sondern wird zu einer Verletzung Gottes.

Wir müssen uns dafür engagieren, diese Verbrechen zu bekämpfen und sie zu richten, wo sie geschehen. Doch wir müssen uns auch darauf konzentrieren, den Opfern demütig Gehör zu schenken, ihnen unser Herz zu öffnen und sie bei ihrem Heilungsprozess zu begleiten; und außerdem eine Kultur der Achtsamkeit zu fördern, die über die Grenzen der Kirche hinausgeht.

Zugleich wissen wir, dass die Aufgaben des Kampfs gegen Missbrauch und die Anwendung wirksamer Instrumente, um diese Verbrechen strafrechtlich zu bekämpfen, nicht fruchten werden, wenn wir nicht schon im Vorfeld möglicher Delikte handeln. Vorbeugung spielt also eine zentrale Rolle in dieser neuen Phase, die wir einleiten wollen.

Als Gesellschaft kommt uns eine erzieherische Rolle zu. Wenn der Missbrauch auf allen Ebenen eine verbreitete Geißel ist, dann müssen wir auch alle gemeinsam darauf reagieren. Daher müssen wir, abgesehen davon, dazu aufzurufen, alle zusammen »nie wieder« zu sagen, vonseiten der Kirche zusammen mit dem ganzen Gemeinwesen und grenzüberschreitend an der Prävention von Missbrauch und dem Kampf dagegen arbeiten. Die Kultur der Achtsamkeit bedeutet zugleich Evangelisierung.

Menschen haben Tragisches erlebt, weil wir als Kirche nicht genug unternommen haben, um Minderjährige zu schützen. In unseren Gebäuden, in unserer Obhut sind Tausende von Kindern Opfer schwerer Verfehlungen geworden. Doch diese Situation hat uns dazu angetrieben, uns Wissen und Verantwortlichkeiten anzueignen, die wir der Gesellschaft zur Verfügung stellen wollen, um alle gemeinsam gegen diese Verbrechen zu kämpfen.

Die Folgen des Missbrauchs an Minderjährigen und vulnerablen Erwachsenen begleiten die Opfer jahrelang. Ich habe dieses Verbrechen einmal einen »psychologischen Mord« genannt,[5] da es unumkehrbare Folgen für die geistige Gesundheit haben kann. Diese Verbrechen zerstören Biografien, zerstören die Kindheit, diesen Lebensabschnitt, der doch dem Spiel und dem Lernen gewidmet sein sollte, und verursachen körperliche, psychische und spirituelle Schäden.

Einer unserer größten Fehler, vielleicht der schwerste, war, die Berichte und Vorwürfe der Opfer nicht anzuhören. Daher wollen wir in dieser neuen Phase, die wir durchleben, den Menschen, die dieses Leid durchgemacht haben, die Hauptrolle geben.

Viele Fälle des Missbrauchs an Minderjährigen werden nicht angezeigt, vor allem die große Mehrheit, die im Familienkreis geschieht. »Tatsächlich vertrauen die Opfer sich sehr selten jemandem an und suchen Hilfe. Hinter diesem Widerstreben können Scham, Verwirrung, die Angst vor Rache, Schuldgefühle, mangelndes Vertrauen in die Institutionen oder kulturelle und soziale Konditionierung stecken, aber auch der Mangel an Informationen über Dienstleistungen und Strukturen, die Hilfen anbieten können. Unglücklicherweise führt das Leid zur Verbitterung, sogar zum Selbstmord, oder manchmal dazu, sich auf die gleiche Weise zu rächen.«[6]

Wir brauchen bessere Bedingungen, damit jeder Mensch, der zum Opfer von Missbrauch durch ein Mitglied der Kirche geworden ist, das Gefühl hat, in Sicherheit sein Zeugnis ablegen zu können. Es ist wichtig, Instanzen zu schaffen, die seine Integrität sichern, und uns zu verpflichten, keine Situationen entstehen zu lassen, die sie erneut zum Opfer machen, sowie ihnen spirituelle wie persönliche Begleitung zuzusichern; bei den Justizbehörden wie im Alltagsleben.

Wichtig ist ebenfalls die Vorbereitung und Ausbildung derjenigen, die im Kontakt zu Minderjährigen oder vulnerablen Erwachsenen stehen, damit sie die unverkennbaren Anzeichen erkennen, die Missbrauch bei vielen Opfern hinterlässt. Die Lösung ist nicht, darauf zu warten, dass der erstickte stumme Schrei derjenigen, die Missbrauch erlitten haben, ans Licht kommt, sondern auf die tausend Manifestationen zu achten, die der Wunsch, sich jemandem anzuvertrauen und um Hilfe zu bitten, annehmen kann. Manchmal war es nicht so, dass man sie nicht hören konnte, sondern dass man nicht wusste, wie. Und auch das wollen wir durch Schulung und Weiterbildung in unseren Institutionen verändern.

Missbrauchte Personen zu begleiten, ist eine Aufgabe, die wir an die Basis eines neuen, ganzheitlichen Ansatzes im Kampf gegen diese Verbrechen stellen. Alle, die eine verantwortliche Rolle in der kirchlichen Gemeinschaft bekleiden, müssen dafür kämpfen, die Opfer und ihre Familien zu respektieren und würdig zu behandeln.

»__Und wer ein solches Kind in meinem Namen aufnimmt, der nimmt mich auf.__« (Mt 18,5) Die Opfer zu begleiten und ihnen zuzuhören, ist das Fundament, auf dem wir eine neue Kultur der Prävention und des

Kampfs gegen den Missbrauch aufbauen wollen. Zu dieser Aufgabe gehört auch, ihre Integrität zu achten und dafür zu sorgen, dass ihr Leben nicht an die Öffentlichkeit gezerrt wird.

Den gleichen Ansatz vertreten wir denjenigen gegenüber, denen solche Verbrechen vorgeworfen werden. Solange die Justiz sie nicht verurteilt, dürfen wir nicht vergessen, allen Beschuldigten ein gerechtes Verfahren zu garantieren; in dem Sinne, das Prinzip des *in dubio pro reo*, also im Zweifel für den Angeklagten, nicht einmal bei solchen abscheulichen Vergehen zu missachten.

Selbst in den Fällen, in denen die Beweismittel enorm und die Zeugenaussagen erdrückend sind, oder in denen es offensichtlich ist, dass jemand die Straftat begangen hat, muss auch immer das Recht auf Verteidigung garantiert bleiben.

Die Kongregation für die Glaubenslehre hat empfohlen, die Anzeige möglichen Missbrauchs nicht *a priori* auszuschließen, selbst wenn sie von unbekannten oder nicht identifizierbaren Personen vorgebracht wird. Der Umstand, dass der Ankläger anonym bleibt, darf nicht automatisch zu dem Schluss führen, die Behauptung sei falsch, obwohl Vorwürfe, die auf diesem Weg erhoben werden, mit Vorsicht betrachtet werden müssen.

Der Konsens besagt, dass es schädlich ist, eine solche Anklage nur zu ignorieren, weil kein Name darunter steht. Daher ist das Urteilsvermögen des Personals, das die Vorwürfe und Hinweise auf möglichen Missbrauch entgegennimmt, so wichtig. Weder sofort glauben noch ohne Umschweife abtun.

Wir wissen, dass die Opfer ihre Zeit und ihren Freiraum brauchen, eingeschlossen ihre eigene Art, um Hilfe zu bitten und anklagen zu können. Aus diesem Grund lehnen wir es auch ab, wenn die Routine der Nachrede, die in der Kirche auszurotten uns so viel Arbeit kostet, diese Verbrechen banalisiert, indem sie falsche Signale setzt, oder wenn wir sehen, dass unter Brüdern fälschlicherweise Dinge »unter den Teppich gekehrt« werden, um die Sache kleinzureden.

Dies sind einige der Prinzipien, die wir versucht haben, bei den verschiedenen geänderten Bestimmungen, die wir in die Kurie eingeführt haben, zur Richtschnur zu nehmen, um den Missbrauch in all seinen Stadien bekämpfen.

Wir wissen, dass die strafrechtliche Verfolgung allein nicht ausreicht, sondern ein ganzheitlicher Ansatz notwendig ist, um, beginnend mit der Erziehung und Ausbildung, an der Prävention dieser Verbrechen und dem Kampf gegen sie zu arbeiten. Doch das bedeutet nicht, dass wir nicht mit Bestimmtheit das kanonische Gesetz anwenden, das auf die diversen Szenarien zutrifft.

In diesem Jahr wurde mit der Verkündung des apostolischen Erlasses *Praedicate Evangelium* offiziell die Päpstliche Kinderschutzkommission als Teil der römischen Kurie eingeführt, die bei der Glaubensbehörde angesiedelt ist. Diese Institutionalisierung der wichtigen Aufgabe dieses Organs will nicht die Handlungsfähigkeit oder das Denken ihrer Mitglieder einschränken, sondern im Gegenteil die getane Arbeit aufwerten und sie mit besseren Instrumentarien für den zukünftigen Kampf gegen Missbrauch ausstatten.

In der jüngsten Vergangenheit haben wir ebenfalls den gesetzlichen Rahmen dafür geschaffen, uns gegen diese Art von Verbrechen zu positionieren. Die Fälle von Missbrauch durch Mitglieder des Klerus wurden bisher innerhalb des kanonischen Rechts als »Vergehen gegen die besonderen Verpflichtungen der Geistlichen« betrachtet, während sie von 2021 an entsprechend dem ganzheitlicheren Ansatz, den wir anregen, jetzt als »Verbrechen gegen das Leben, die Würde und die Freiheit des Menschen« eingestuft werden.[7]

Das Ziel der von uns unternommen Reformen, um uns mehr Instrumente zu geben, die es uns erlauben, zu urteilen, vorzubeugen und zu bekämpfen, ist es, in der Kirche eine Gemeinschaft zu schaffen, die die Rechte und Bedürfnisse von Minderjährigen und vulnerablen Personen achtet und sich ihrer bewusst ist, und den gesamten Kosmos aus Geistlichen, Mitgliedern von Einrichtungen des geweihten Lebens und Laien darin unterstützt, das Bewusstsein dafür zu stärken, dass wir die Pflicht haben, Missbrauch bei den zuständigen Autoritäten anzuzeigen.

Von 2019 an wurde die verbindliche Pflicht für alle Mitglieder, Beamten und Angestellten der römischen

Kurie, das diplomatische Personal des Heiligen Stuhls, das Personal des Vatikanstaats sowie jeder Person, die ein administratives oder juristisches Mandat beim Heiligen Stuhl bekleidet, eingeführt, jeden Vorwurf sofort beim Staatsanwalt des Vatikanstaats vorzulegen, sobald sie in Ausübung ihres Amts Kenntnis davon erlangen oder einen begründeten Verdacht hegen, dass ein Minderjähriger oder eine vulnerable Person Opfer jeglicher Art von Missbrauch geworden ist.

Zudem wurden diverse Fortbildungsprogramme für das Personal der römischen Kurie und die mit dem Heiligen Stuhl verbundenen Institutionen bezüglich der Gefahren der Ausbeutung, des sexuellen Missbrauchs und der Misshandlung von Minderjährigen und vulnerablen Personen eingeführt.

Im selben Geist und stets in dem Versuch, im Kampf gegen den Missbrauch einen ganzheitlichen Ansatz zu verfechten, dessen Dreh- und Angelpunkt die Opfer und die Prävention sind, wurde festgelegt, dass vor der Einstellung von Personal bei der römischen Kurie und beim Vatikan die Tauglichkeit des Kandidaten, was den Umgang mit Minderjährigen und vulnerablen Personen angeht, überprüft werden muss.

Ich sage es noch einmal: Die Stimme der Opfer ist der Maßstab unseres Kampfs. Und wir wissen, dass es, ebenso, wie die Wunde lange Zeit zur Heilung braucht, dauern kann, bis diese Stimme die Kraft findet, sich Gehör zu verschaffen. Daher haben wir ebenfalls angeordnet, dass Missbrauchsfälle nicht nach zwanzig Jahren verjähren. Die Fristen der Justiz müssen sich an die Opfer anpassen und nicht umgekehrt.

Gleichzeitig verlangt diese Art von Vergehen nach schnellem Handeln, sobald der Vorwurf erhoben wird. Wir dürfen nicht zulassen, dass Beweise vernichtet oder Zeugen manipuliert werden. Mit diesem Ziel sind auch Geldstrafen von bis zu fünf Millionen Euro oder bis zu sechs Monaten Haft für Personen eingeführt worden, die Vorwürfe ignorieren oder sie ungerechtfertigt verschleppen.

Wir werden nicht müde werden, alles Notwendige zu tun, um diese Verbrechen zu verhindern und jeden, der sie begangen hat, vor Gericht zu bringen. Wir sind beschämt, doch wir sind dabei, eine neue Hermeneutik zu schaffen, damit in Zukunft niemand einen Mangel an Vorbereitung oder Erfahrung behaupten kann. Die Wunde, die der ganzen Gesellschaft zugefügt wurde, ist so schwer, dass dieser Kampf uns dauerhaft beschäftigen wird.

In der Kraft des Gebets finden wir den Schlüssel dazu, mit einer Besonnenheit handeln zu können, die uns – immer mit dem Ziel der Suche nach Gerechtigkeit – davon befreit, Positionen nur um der öffentlichen Aufmerksamkeit willen zu beziehen, wenn wir die Fehler der Vergangenheit wiedergutmachen und auf den medialen Druck reagieren. Wir müssen die defensive und reaktionäre Einstellung hinter uns lassen, welche die Institution zum Schaden der Opfer schützt.

In diesem Sinne haben wir bereits 2016 verfügt, dass Versäumnisse bei der Aufklärung von Missbrauchsfällen ein Grund für die Absetzung von Bischöfen sein können. Das bedeutet: Nicht nur der Missbrauch an sich, sondern jede schwerwiegende Handlung, die dazu dient, Ermittlungen zu erschweren oder zu verzögern, sind Grund für eine Absetzung. Doch diese Verpflichtung darf nicht nur für den Papst, die Verantwortlichen der Dikasterien oder die Kirchenrechtler gelten, die im Kampf gegen den Missbrauch die Gesetze des Vatikans umsetzen. Angesichts der Tragweite und Schwere des Schadens, der so vielen Menschen zugefügt wurde, müssen wir global und gemeinschaftlich reagieren. Als Mitglieder der Kirche, ja, aber auch als Mitglieder der ganzen menschlichen Familie.

Es existiert keine Struktur, in der echte Veränderungen nicht »von unten nach oben« eingeleitet werden. Wir sind dazu aufgerufen, gemeinsam den Weg zu gehen, um die Strukturen des Missbrauchs in unseren Gemeinschaften auszurotten und einen echten Wandel in Kirche und Gesellschaft einzuleiten. Nicht nur die Seelsorger, nicht nur die Ordensmitglieder, nicht nur geweihte Personen. Wir müssen die Stimmen und die Hände aller Mitglieder der Kirche vereinen, um diese Realität zu verändern.

Unsere Kirche, die unsere Mutter ist, ruft all ihre Kinder auf, sich dieser Herausforderung zu stellen: »Noch heute sehen wir, wie oft die erste Reaktion der Familie darin besteht, alles zu vertuschen; eine erste Reaktion, die auch immer in anderen Institutionen, auch in der Kirche, vorkommt. Wir müssen gegen diese alte Gepflogenheit des Vertuschens kämpfen.«[8]

In dem gemeinsamen Kampf, den wir als getaufte Menschen führen, müssen wir wachsam gegenüber dem Verhalten unserer Brüder und Schwestern sein. Wir dürfen das Verschleiern von Missbrauch nicht mehr hinnehmen.

In allen Bereichen, von der Seelsorge bis zur Bildung, sind all unsere Institutionen dazu aufgerufen, einen Schritt nach vorn zu tun. Nur, wenn es uns gelingt, eine Allianz der Prävention im gesamten Volk Gottes zu schmieden, wird es möglich sein, die Unkultur des Todes auszurotten, deren Träger jede Form des Missbrauchs im Bereich der Sexualität, des Gewissens oder der Macht ist.

»Wenn darum ein Glied leidet, leiden alle Glieder mit.« (1 Kor 12,26) Die Worte des Heiligen Paulus rufen uns ins Gedächtnis, dass wir alle zum stetigen Einsatz gegen die Plage des Missbrauchs aufgerufen sind.

Ich erinnere an einige Worte, die ich anlässlich meiner Reise nach Kanada beim Zusammentreffen mit Bischöfen, Geistlichen, Diakonen, geweihten Persönlichkeiten, Seminaristen und Seelsorgern vorgebracht habe: »Die Kirche in Kanada hat sich auf einen neuen Weg begeben, nachdem sie durch das Böse, das einige ihrer Kinder begangen haben, verwundet und erschüttert wurde. Ich denke dabei insbesondere an den sexuellen Missbrauch von Minderjährigen und schutzbedürftigen Personen, Ärgernisse, die ein entschlossenes Handeln und eine unwiderrufliche Bekämpfung erfordern. Ich möchte gemeinsam mit euch alle Opfer erneut um Vergebung bitten. Der Schmerz und die Beschämung, die wir empfinden, müssen zu einer Gelegenheit der Umkehr werden: Nie wieder! Und wenn wir an den Weg der Heilung und Versöhnung mit unseren indigenen Brüdern und Schwestern denken, möge sich die christliche Gemeinschaft nie wieder von der Vorstellung anstecken lassen, dass eine Kultur einer anderen überlegen ist und dass es legitim ist, Zwangsmittel gegen andere einzusetzen.«[9]

Die Dynamik der modernen Welt hält uns dazu an, fortwährend Erziehungs- und Präventionsarbeit zu leisten. Zu den historischen Formen des sexuellen Missbrauchs und des Macht- und Gewissensmissbrauchs, denen die Kirche sich stellen musste, kommen heute neue Herausforderungen durch das Aufkommen neuer Technologien.

Der Schutz von Minderjährigen muss diese neuen Formen sexuellen Missbrauchs und aller Arten von Missbrauch in Betracht ziehen, die sie in der Umgebung, in der sie leben, und durch die neuen Instrumente, die sie gebrauchen, bedrohen. Das *grooming*, die Produktion und der Besitz von Kinderpornografie, das Stalking von Minderjährigen und vulnerablen Erwachsenen über die sozialen Netzwerke können uns nicht gleichgültig lassen.

Brüder und Schwestern, Männer und Frauen guten Willens auf der ganzen Welt: Angesichts eines weltweiten Übels wie des Missbrauchs Minderjähriger, das sich in allen Schichten der Gesellschaft eingenistet hat, ist offensichtlich, dass keine Institution den Kampf gegen diese Art von Verbrechen allein führen kann. Es nützt nichts, allein den gesetzlichen Rahmen zu verstärken und die Strafen zu erhöhen ohne einen Bewusstseinswandel, der uns »nie wieder« sagen lässt. Durch Bildung müssen wir Prävention leisten. Den Opfern, für die unsere Bitten um Vergebung nie genug sein werden, geben wir unser Wort, dass wir uns verpflichten, die Nulltoleranz fortzusetzen. Und für alle bitte ich im Namen Gottes darum, dass wir den Kampf gegen die Strukturen des sexuellen Missbrauchs, gegen den Macht- und den Gewissensmissbrauch fortsetzen, die allesamt wahrhaftig eine Unkultur des Todes sind.

2

Im Namen Gottes bitte ich darum, unser Gemeinsames Haus zu schützen

Unser Planet ist in Gefahr. Wir haben die letzten Jahrzehnte unter einem gierigen System gelebt, das nicht nur Millionen Menschen als überflüssig an den Rand gedrängt, sondern in nie zuvor erlebtem Maß unser Gemeinsames Haus, die Mutter Erde, an ihre Grenzen gebracht hat.

Ein sozioökonomisches Leitbild, das auf Begehrlichkeit und Gier basiert, musste auch die Natur ausbeuten, um den Rhythmus des Konsums und der Verschwendung aufrechtzuerhalten, der ihm eigen ist. Ein entfesselter Konsum für einige Wenige, der nur möglich war durch die Ausgrenzung vieler anderer und durch Aggressionen gegenüber der Umwelt, die Gefahr laufen, irreparabel zu sein. Im Namen Gottes bitte ich darum, dass wir unser Gemeinsames Haus verteidigen und beschützen. Die Uhr tickt, alles Leben ist in Gefahr, doch wir haben noch Zeit. Ich mache mir den Slogan einiger der zahlreichen und wunderbaren Jugenddemonstrationen gegen dieses Modell der Plünderung zu eigen: »Es gibt keinen Plan(et) B.«

Ich will auch die großen Bergbau-, Öl-, Forst-, Immobilien- und Agrarkonzerne darum bitten, dass sie aufhören, die Wälder, Feuchtgebiete und Gebirge zu zerstören; dass sie aufhören, Flüsse und Meere zu verschmutzen; dass sie aufhören, Völker und Nahrungsmittel zu vergiften.[10] Ich wiederhole noch einmal eine Warnung, die ich in meiner Enzyklika *Laudato sí* ausgesprochen habe: »Wenn die augenblickliche Tendenz anhält, könnte dieses Jahrhundert Zeuge nie dagewesener klimatischer Veränderungen und einer beispiellosen Zerstörung der Ökosysteme werden, mit schweren Folgen für uns alle.«[11]

Ein Leben in Frieden bedeutet auch ein Leben in Harmonie mit unserer Erde. Es ist Teil unserer Doktrin, dass »[es] sich um die gemeinsame und allumfassende Pflicht [handelt], ein gemeinschaftliches Gut zu achten, das für alle bestimmt ist, und zu verhindern, dass man ungestraft von den verschiedenen lebenden oder leblosen Geschöpfen – Naturelemente, Pflanzen, Tiere – rein nach eigenem Gutdünken und entsprechend den eigenen wirtschaftlichen Erfordernissen Gebrauch machen kann«.[12]

Die Auswirkungen dieser ständigen Angriffe auf unser Gemeinsames Haus sind bereits spürbar; und manche laufen Gefahr, unumkehrbar zu werden, wenn wir nicht sofort handeln. Der Verlust der Biodiversität, die Verschmutzung der Umwelt und die globale Erwärmung sind einige der unvermeidlichen Folgen unserer Handlungen, da wir bereits jetzt in unserer Gier mehr Rohstoffe konsumiert haben, als der Planet verkraften kann.

Diese Gier nach den natürlichen Ressourcen, um ein todbringendes System aufrechtzuerhalten, stellt zugleich eine enorme Ungerechtigkeit dar. Einerseits sind es die Ärmsten, die am stärksten unter den Folgen leiden: die einfachen Menschen; diejenigen, die in prekären Unterkünften in Küstennähe leben; diejenigen, die von ihren Ernten abhängig sind, um sich zu ernähren, oder die, die keinen freien Zugang zu Wasser haben. Doch zugleich sind es die am höchsten entwickelten Länder, die unsere Ressourcen am stärksten ge- und missbrauchen. Die Umweltkatastrophe, die wir miterleben, muss uns daran erinnern, dass die Schöpfung kein Besitz ist, über den wir nach Belieben verfügen können. Und erst recht – und es ist wichtig, das immer wieder auf allen fünf Kontinenten zu erklären – ist sie nicht der Besitz nur einiger Weniger; sie ist ein wunderbares Geschenk, das Gott uns gemacht hat, damit wir sie beschützen und sie zum Besten aller leben, immer voller Respekt und Dankbarkeit.

Sie zu verteidigen, ist nicht nur eine Frage des Umweltschutzes, sondern ein moralischer Imperativ.

Einige Stimmen haben ihre Besorgnis bezüglich einer gewissen, weltweiten Tendenz zum »Gipfeltourismus« zum Ausdruck gebracht; Gipfeltreffen, um die Ursachen und Folgen des Niedergangs zu diskutieren, ohne dass sie von konkreten Handlungen begleitet werden, die nachhaltig sind und Mut von der internationalen Führung erfordern. Wie ist es möglich, dass, wie viele

Experten kritisieren, sich am Ende immer die Interessen einiger Gruppen durchsetzen, Staaten und internationale Organisationen dominieren und fortfahren, die Schöpfung zu zerstören?

Ich kann nicht leugnen, dass auf einigen speziellen Gebieten Fortschritte gemacht worden sind, die man würdigen muss. So schnüren zum Beispiel einige europäische Regierungen ökonomische Hilfspakete für öffentliche und private Unternehmen, um bezüglich der Umwelt Verpflichtungen und konkrete Ziele wie die Verminderung von Emissionen festzulegen. Andere Exekutiven haben Subventionen zum Strukturwandel in der Energieversorgung eingeführt und lassen die Hilfen sogar den Haushalten zufließen, die den Verbrauch fossiler Brennstoffe reduzieren.

Die Verteidigung und der Schutz des Gemeinsamen Hauses erfordern Mut und Entschlossenheit. In der wissenschaftlichen Gemeinschaft besteht Konsens darüber, dass es, selbst wenn sofort ein Wandel des Lebensstils in den am höchsten entwickelten Ländern stattfindet, Jahre dauern wird, das Niveau vom Ende des letzten Jahrhunderts zu erreichen, als die Lage ebenfalls schon ernst war.

Die Erde hat Vorrang gegenüber uns und ist uns geschenkt worden.

Außerdem erklärt die eigene Sozialdoktrin der Kirche, dass der Mensch »nicht willkürlich über die Erde verfügen [darf] (...), indem er sie ohne Vorbehalte seinem Willen unterwirft, als hätte sie nicht eine eigene Gestalt und eine ihr vorher von Gott verliehene Bestimmung, die der Mensch entfalten kann, aber nicht verraten darf«.[13]

Obwohl das System versucht, uns mit einem Mechanismus, dessen Grundlage die Akkumulation und der anscheinend grenzenlose Konsum ist, zu verwirren, vergessen wir doch nicht, dass wir nur die Verwalter dieser Güter sind. Wir sind nicht die Eigentümer der Schöpfung, die in der Lage wären, sie zugunsten unserer eigenen Interessen und unseres Wachstums auszubeuten.

Wir müssen heute handeln, nicht morgen; die Konsequenzen zeigen sich in der Gegenwart und nicht in der Zukunft. Dies ist vielleicht eine der drängendsten Herausforderungen, vor denen wir als Menschheit stehen.

Wir haben die Chance, eine entschiedene Kehrtwende zu vollziehen, eine andere Richtung einzuschlagen. Von einer Wegwerfgesellschaft zu einer Kultur der Sorgsamkeit überzugehen; denn indem wir das Gemeinsame Haus bewahren, schützen wir die gesamte menschliche Familie und auch uns selbst. Wir sind zu einem echten Wandel aufgerufen, der uns zu einem Lebensstil in Harmonie mit unserer Erde und den Arten, die sie bewohnen, führt.

Dieser Wandel verlangt kleine Veränderungen von jedem von uns. Die Änderung kann und muss zu Hause beginnen, genau wie bei denen, die aufgerufen sind, Posten von großer Verantwortung in den unterschiedlichen Sphären der Gesellschaft zu bekleiden.

Wir brauchen Regierungen, die sich an die Spitze einer der wichtigsten Missionen stellen, vor denen die Menschheit je gestanden hat. Es ist wichtig, dass wir sie alle bitten, so schnell wie möglich Maßnahmen zu ergreifen, um den Anstieg der weltweiten Durchschnittstemperatur zu begrenzen, mutige Aktionen anzustoßen und dabei die internationale Kooperation zu verstärken. Zahlreiche Prozesse müssen sofort in Gang gesetzt werden: die Förderung des Übergangs zu sauberen Energien; die Einführung von Verfahrensweisen, die einen nachhaltigen Umgang mit der Erde beinhalten und die Wälder und die Biodiversität bewahren; die Bevorzugung von Ernährungsweisen, die die Umwelt und die lokalen Kulturen respektieren; die Fortsetzung des Kampfes gegen Hunger und Mangelernährung; die Unterstützung von Lebensstilen, Konsum und Produktion, die nachhaltig sind. Wir brauchen viel Engagement, um das zu erreichen.

Dies trifft insbesondere auf die sauberen Energien zu. Ihre Nutzung ist zwar auf dem Vormarsch, doch auf globaler Ebene ist der Zugang zu ihnen weiterhin gering. Heute ist es notwendig, angemessene Technologien zu ihrer Speicherung zu entwickeln, die der Menschheit so gerecht wie möglich zur Verfügung gestellt werden können. Es wäre von Vorteil, wenn alle Fortschritte, die die höher entwickelten Länder erlangen, durch den Transfer von Wissen, Technologie und

Mitteln an die ärmeren Nationen begleitet würden, um sie zu implementieren.

Die Coronavirus-Pandemie hat uns einmal mehr die enge Verbindung zwischen allen Völkern aufgezeigt. Diese Vernetzung kann entweder durch eine Globalisierung der Gleichgültigkeit oder durch größere weltweite Solidarität stattfinden. Es liegt an uns, wie wir diese Umweltkrise bewältigen. Daher ist es wichtig, dass die Auswirkungen dieses notwendigen und dringend nötigen Übergangs weder auf die Schwächsten noch auf die weniger entwickelten Länder oder auf die arbeitenden Menschen abgewälzt werden. Der ökologische Wandel kann und darf keine Ausrede sein, falls Arbeitsplätze abgebaut werden müssen.

Dieser Übergang muss uns zu einem gerechteren, nachhaltigeren und solidarischeren Gesellschaftsvertrag führen. Wir brauchen mehr geschlossene Kreisläufe in der Produktion, um die Ressourcen unserer Erde nicht zu vergeuden, gerechtere Verteilungsformen und ein verantwortungsvolleres Konsumverhalten zu entwickeln. Wir alle können diese Veränderung sein, wenn es uns gelingt, die gesamte menschliche Familie auf der Suche nach einer nachhaltigen und ganzheitlichen Entwicklung zu vereinen. Drei Worte können uns bei dieser Aufgabe helfen, die vor uns liegt: Engagement, Verantwortungsbewusstsein und Solidarität.

Die jungen Leute sind nicht die Einzigen, denen wir dieses Verantwortungsbewusstsein am stärksten schuldig sind. Sie können, wie sie schon in vielen Fällen bewiesen haben, unsere Lehrer auf dem Weg zu einer Lösung sein, um den Schaden zu lindern, der dem Planeten geschieht. Ich sehe in ihnen ein Engagement, eine Kreativität und eine Resilienz bezüglich des Umweltthemas, das ihre Großeltern – meine Generation – oder ihre Eltern nicht besaßen. Wir haben gesündigt und bereuen. Wir bitten sie nicht mehr nur darum, aus unseren Fehlern zu lernen. Es ist notwendig, dass sie sie berichtigen.

Daher müssen sie uns den Weg zeigen, uns und den Regierungen der ganzen Welt. Sie sollen Kritik üben, auf die Straßen gehen, sich mobilisieren, aber sich vor allem verändern.

Wir brauchen eine Harmonie des Anstands zwischen dem Wort der Erwachsenen und den Taten der Jungen. Ihre Begeisterung und ihr Engagement erinnern uns ständig daran, dass die Hoffnung keine Utopie und der Frieden ein immer erreichbares Gut ist.

Unter den Wunden, die wir unserem Gemeinsamen Haus zugefügt haben, ist der Verlust der Biodiversität eine der sichtbarsten und unumkehrbarsten. Täglich wächst die Liste der vom Aussterben bedrohten Arten. Und ich rede nicht nur von Tieren, sondern vom gesamten Ökosystem, dem Nährboden des Lebens, das manchmal eine Schlüsselrolle bei der Erhaltung des Gleichgewichts der Umwelt spielt. Zu der Veränderung, die wir brauchen, gehört auch die Durchführung von Studien zu einer gründlichen Umweltschätzung vor der Einführung extraktiver, Energie oder Holz erzeugender Industrien, die einige der empfindsamsten Ökosysteme der Welt vernichten und vergiften. Ich denke da beispielsweise an Amazonien, wo sich gelegentlich, angetrieben von der Gier nach neuen Wirtschaftsprojekten, die Kumpanei zwischen Staat und Unternehmertum über alles Leben, das menschliche eingeschlossen, hinwegsetzt.

Ich finde, dass wir als Kirche den Stein ins Rollen bringen und die Sünde gegen die Umwelt, die ökologische Versündigung an unserem Gemeinsamen Haus, in den Katechismus aufnehmen sollten, denn dies ist eine Pflicht. Es freut mich, dass diese Initiative auch von den Bischöfen der Synode für die pan-amazonische Region unterstützt wurde, die insbesondere vorschlugen, die ökologische Sünde als Tat oder Unterlassungssünde gegenüber Gott, gegen den Nächsten, die Gemeinschaft und die Umwelt zu definieren.[14]

Außerdem haben bereits meine Vorgänger im vergangenen halben Jahrhundert vor dem raschen Niedergang unserer Erde und der menschlichen Untätigkeit gewarnt. Der Heilige Paul VI. betrachtete schon vor über fünfzig Jahren die Umweltkrise seiner Zeit als »dramatische Folge« der unkontrollierten menschlichen Aktivität, verursacht durch die »unbedachte Ausschlachtung der Natur«, bei der die »Gefahr besteht, sie zu zerstören, und dass der in solchem Missbrauch liegende Schaden wieder auf sie selbst zurückfällt«.[15] Schon in diesem

Jahrhundert verlangte der Heilige Johannes Paul II. eine globale ökologische *Umkehr*, und Benedikt XVI. forderte, »die Wachstumsmodelle zu korrigieren, die allem Anschein nach ungeeignet dafür sind, den Respekt vor der Umwelt (…) zu garantieren«.[16]

Eines ist klar: Es ist auch eine Versündigung an zukünftigen Generationen. Wer hemmungslos und unbekümmert die Erde angreift, kann nicht als guter Christ gelten. Der Ökozid ist ein Verbrechen gegen Frieden und Menschlichkeit und sollte von der internationalen Gemeinschaft auch so eingestuft werden.

Es ist gut, an die historische Position der kirchlichen Sozialdoktrin zu erinnern, nach der »eine richtige Auffassung von der Umwelt einerseits die Natur nicht zu einem bloßen Objekt von Manipulation und Ausbeutung machen, sie aber andererseits nicht verabsolutieren und ihre Würde sogar über die der menschlichen Person stellen [darf]. Dann nämlich gelangt man an einen Punkt, wo die Natur oder die Erde vergöttlicht werden, was leicht an einigen ökologischen Bewegungen nachzuweisen ist, die bestrebt sind, ihren Auffassungen ein international anerkanntes institutionelles Profil zu geben.«[17]

Unterschiedliche Ansichten gibt es auch darüber, wie die menschlichen Aktivitäten in Bezug auf das Gemeinsame Haus in Übereinstimmung gebracht werden sollen. Wir brauchen einen Konsens, der die gegensätzlichen Haltungen derer überwindet, die im Extrem »um jeden Preis den Mythos des Fortschritts [vertreten] und behaupten, dass sich die ökologischen Probleme einfach mit neuen technischen Programmen lösen werden, ohne ethische Bedenken und grundlegende Änderungen«, und derer, die im anderen Extrem »der Meinung [sind], der Mensch könne mit jedem seiner Eingriffe nur eine Bedrohung sein und das weltweite Ökosystem beeinträchtigen. Deshalb sei es angebracht, seine Präsenz auf dem Planeten zu reduzieren und ihm jede Art von Eingriff zu verbieten.[18]

Die Umweltprobleme sind multikausaler Art und haben unterschiedliche Folgen, weswegen eine notwendige Herangehensweise ganzheitliche Antworten erfordert, die aus dem Dialog zwischen verschiedenen Beiträgen unterschiedlicher Disziplinen und Gesichtspunkte hervorgehen müssen. So erneuere ich den Aufruf nach einer Besinnung, die, immer im konstruktiven Dialog, »mögliche zukünftige Szenerien [erdenkt], denn es gibt nicht nur einen einzigen Lösungsweg.«[19]

Gegenwärtig haben wir vielleicht das Problem einer Überdiagnose, auf die jedoch wenige konkrete Antworten folgen. Aus diesem Grund erneuere ich meinen Aufruf aus *Laudatio sí* nach einer »verantwortungsbewusste[n] und breite[n] wissenschaftliche[n] und gesellschaftlich[en] Debatte (…), die in der Lage ist, alle verfügbaren Informationen in Betracht zu ziehen und die Dinge beim Namen zu nennen«[20],und die außerdem keine Partikularinteressen berücksichtigt, ob diese nun auf politischen, wirtschaftlichen oder ideologischen Motiven gründen und daher die notwendigen Daten zur Erarbeitung der wünschenswerten Maßnahmen verfälschen könnten.

In diesem Handlungsrahmen ist es grundlegend, ganzheitliche Lösungen zu suchen, in denen die natürlichen Systeme nicht von den sozialen abgespalten werden. Die Krise ist eine einzige, eine sozioökologische, und wir werden besser in der Lage sein, sie zu bewältigen, wenn wir sie ganzheitlich und nicht in Teilen angehen und auf der einen Seite ihre gesellschaftlichen Aspekte und auf der anderen ihre Auswirkungen auf die Umwelt bedenken. So »[erfordern] die Wege zur Lösung (…) einen ganzheitlichen Zugang, um die Armut zu bekämpfen, den Ausgeschlossenen ihre Würde zurückzugeben und sich zugleich um die Natur zu kümmern.«[21]

Eines der Beispiele, das mir in dieser Richtung einfällt, ist die sogenannte Philosophie des »Guten Lebens«, die bei vielen ursprünglichen Völkern in Regionen wie Amazonien, wenn auch nicht ausschließlich dort, anzutreffen ist und bei der man versucht, »im Einklang mit sich selbst, mit der Natur, mit den Menschen und mit dem höchsten Wesen zu leben«.[22]

Diese Philosophie, ein Symbol einer respektvollen Beziehung zur Schöpfung, ist in einigen Fällen mehrere Jahrhunderte alt. Diese Menschen betrachten die Erde nicht als wirtschaftliches Gut, sondern als Geschenk

Gottes und der Vorfahren, die in ihr ruhen; einen heiligen Raum, mit dem sie interagieren müssen, um ihre Identität und ihre Werte zu bewahren. Doch wie schon an anderer Stelle gesagt, darf man sie nicht mit dem »*dolce vita*« oder dem »*dolce far niente*« gleichsetzen; ganz im Gegenteil.[23]

Der Rahmen, in dem wir die Erfahrungen dieser indigenen Völker und ihre Verbindung zur Mutter Erde betrachten müssen, ist, dass inmitten dieser komplexen und tiefen sozioökologischen Krise »viele höchst konzentrierte Formen der Ausbeutung und der Schädigung der Umwelt nicht nur die lokalen Mittel des Fortbestands erschöpfen [können], sondern auch die sozialen Fähigkeiten zunichte machen, die eine Lebensweise ermöglicht haben, die über lange Zeit eine kulturelle Identität sowie einen Sinn der Existenz und des Zusammenlebens gewährt hat«.[24] Wir müssen also alternative, nicht herrschaftsorientierte Lebensstile schützen, die der Schöpfung Fürsorge und Respekt erweisen.

Es ist nötig, Programme und Projekte zu fördern und zu unterstützen, die den Menschen der indigenen Völker erlauben, in ihren Gebieten zu bleiben. Mit ihren uralten Kenntnissen garantieren sie die Sorge für ihr Land. In diesem Sinne ist es kein Zufall, dass einige extraktive Projekte, denen die Schädigung der Natur und der Kultur gleichgültig sind, darauf bestehen, die indigenen oder an alten Traditionen festhaltenden Kulturen mit Gewalt zu vertreiben, die häufig stark unter Druck gesetzt werden, ihr Land im Stich zu lassen, wenn die Gier nach den unterirdischen Schätzen die Sichtweise der Firmen beherrscht.

Wir brauchen eine komplette Kehrtwende.

Doch wir müssen auch Haltungen aufmerksam beobachten, die die Natur verteidigen und gleichzeitig Schwangerschaftsabbruch oder Todesstrafe propagieren. Wenn wir uns für das Leben aller Wesen einsetzen, die uns umgeben und von denen einige sogar mikroskopisch klein sind, wie sollen wir da nicht das Leben in all seinen Phasen schützen?

Im Namen Gottes bitte ich darum, das Gemeinsame Haus zu bewahren. Bereits der heilige Franz von Assisi, dessen Namen und Inspiration ich für mein Pontifikat entliehen habe, hat uns vor fast achthundert Jahren daran erinnert, dass wir die Erde als Schwester betrachten müssen, mit der wir das Leben teilen, und als schöne Mutter, die uns in ihren Armen birgt. Für sie und für ihre Enkel, für die Generationen, an die wir den Staffelstab der Sorge um die Schöpfung weitergeben müssen, müssen wir jetzt handeln. Darum bitte ich im Namen Gottes. Mit dem Verantwortungsbewusstsein, das der ernsten Lage gerecht wird, doch in der Hoffnung, dass noch nicht alles verloren ist.

3

Im Namen Gottes bitte ich um eine Kommunikation, die gegen Fake News kämpft und sich von der Hassrede abwendet

Die Welt der Kommunikation hat sich in den letzten Jahren vollständig verändert und in ihrer stetigen Entwicklung ein erstaunliches Tempo vorgelegt. Sogar die Jüngsten, die »Digital Natives«, erleben ständige Veränderungen in ihrer Art zu kommunizieren und in Beziehungen zu anderen zu treten. Stellt euch vor, wie es da uns Alten ergeht, die wir geboren sind, als Radio und gedruckte Zeitungen das einzige Fenster zu den Ereignissen außerhalb unseres engeren Umfelds bildeten.

Auch unsere Formen, in Beziehungen zueinander zu treten und uns zu informieren, werden vom Rhythmus des wissenschaftlichen und technischen Fortschritts bestimmt. Dieses neue Paradigma der Technologie und Kommunikation eröffnet uns große Chancen, die, wenn wir sie in Bahnen lenken und nutzen können, das Leben vieler Menschen erheblich verbessern könnten. Doch es fordert uns auch auf, aufmerksam und verantwortungsbewusst damit umzugehen, damit ihr Gebrauch immer das Allgemeinwohl fördert.

Die Verantwortung gilt für alle, von den Nutzern bis zu den Unternehmen, von den Medien bis zu den Regierungen. Auch vonseiten der Kirche müssen wir unseren Teil beitragen, um eine verantwortungsvolle Nutzung der Technologie und eine Kommunikationsform zu fördern, die der Menschheit nutzt.

Wir alle sind aufgerufen, eine Kultur zu schaffen, die gegen die sogenannten Fake News kämpft, sich von Hassreden abwendet und sich in einem technischen Rahmen abspielt, der die Schutzlosesten schützt.

Insbesondere erneuere ich meine Bitten, dass die Medien die Rechtfertigung der Post-Wahrheit, der Desinformation, der Diffamierung, der Verleumdung und der Faszination durch den Skandal beenden und stattdessen versuchen, zum Dialog, zur Besinnung, zu notwendigen Meinungsverschiedenheiten und Konfrontationen beizutragen, ohne dabei den anderen unnötig zu erniedrigen oder zu schädigen. Es ist wichtig, alle notwendigen Maßnahmen zu ergreifen, damit die Hassreden, das *grooming* und die politische Manipulation nicht zunehmen, die so häufig von der Anfälligkeit und Verletzlichkeit der Menschen sowie der gesellschaftlichen Lage leben. Der Dialog und die sozialen Verbindungen, Freundschaften beinhalten auch eine öffentliche Politik, die in der Lage ist, die Bedrohung durch die Fake News zu minimieren.

Eine erste Überlegung, die ich mit euch teilen will, dreht sich um die Medien. Der technische Fortschritt und die Gestaltung dieses neuen Paradigmas immer umfangreicherer und schnellerer Informationen haben die

Rolle verändert, die die Telekommunikationskonzerne in unseren Gesellschaften spielen.

In der ganzen Welt bilden sich Millionen von Menschen ihre Meinung über die Massenmedien, die die Möglichkeit in Händen halten, unverzichtbare Elemente zu sein, die das Denken und die Bildung unterstützen und die Brüderlichkeit beflügeln. Sie sind ein Eckpfeiler im Aufbau der Gesellschaft.

Doch diese Rolle ist, wie jeder von uns in seinem eigenen Bereich erleben kann, nicht frei von gefährlichen Manipulationen, die das Werkzeug des Guten in ein Instrument verwandeln können, das Schaden anrichtet.

Heute sind wir von vielen Versuchungen umgeben. Zum Beispiel der Verleumdung, die gelegentlich die Würde des anderen schädigt. Häufig erleben wir, wie Meldungen, die sich schließlich als falsch erweisen, die Titelseiten der Zeitungen beherrschen … die Richtigstellung besteht dann aus einer einzigen Zeile unten auf der Seite.

Die Verunglimpfung kann zur Diffamierung werden, wenn man tief ins Archiv greift, um ein Urteil über Vergangenes zu sprechen mit dem bloßen Ziel, jemandes Ruf zu schädigen; als gäbe es kein Recht auf Veränderung, Wiedergutmachung oder Umkehr. Selbst wenn die Person ihren Fehler eingeräumt und korrigiert hat, besteht man darauf, sie unter Berufung auf ihre Taten aus der Vergangenheit zu beleidigen. Wie recht hatte doch Miguel de Cervantes, als er diese Versuchungen erkannte und in *Don Quijote* davor warnte, wie schädlich das geschriebene Wort werden kann: »Die Feder ist die Zunge des Geistes; und so, wie die Gedanken sind, die sein Geist erzeugt, so werden auch seine Schriften sein.«[25]

Diese Vorgehensweise erstreckt sich häufig bis in die Politik hinein. Die politische Rivalität – manchmal einschließlich des sogenannten »*friendly fire*« – fühlt sich versucht, in jemandes Vergangenheit zu stochern, um ihn anzugreifen, unter Missachtung der Folgen für seine Familie, seine Umgebung, sein Leben. Und hier spielt leider häufig die Mittäterschaft der Medien eine Rolle. In meiner Heimat nennen wir das »verstaubte Akten hervorkramen«; ein Überbleibsel aus der Zeit, als Archive noch auf Papier geführt wurden. Heute könnte man davon sprechen, digital »im Trüben zu fischen«. Doch das ist schlecht: Es ist eine Sünde, verletzt die Integrität der Menschen und untergräbt das demokratische Miteinander.

Verknüpft mit der Verleumdung erscheint die Desinformation, sei es aus Eigeninteresse oder von der politischen Macht gesteuert. Deswegen muss man die Wahrheit schützen und, vom Standpunkt dessen, der sich informiert, einfordern. Wir müssen verlangen, korrekt informiert zu werden. Es würde viel zu einer größeren Transparenz der Medien beitragen, wenn man stets wüsste, wer ihre Akteure, Eigentümer und Anzeigenkunden sind, und wenn es eine echte Gewissensprüfung bezüglich eventueller Interessenkonflikte bei der Information gäbe.

Man könnte sich eine Berichterstattung vorstellen, die sich, ohne in ein bequemes Gutmenschentum zu verfallen, auf positive und konstruktive Geschichten konzentriert. Die nachfragt, aber den Menschen in den Mittelpunkt stellt. Wie viele Beispiele von Altruismus gibt es, wie viele »Heilige von nebenan« tun Positives und kommen damit nicht etwa in die Schlagzeilen, sondern werden durch die Neigung zum Skandal und zum Negativen zur Bedeutungslosigkeit verdammt.[26] Deswegen bitte ich eindringlich darum, dass die Medien sich nicht in Schlammschlachten ergehen und nicht immer versuchen, Skandale oder hässliche Dinge zu verbreiten; etwas, das großen Schaden anrichten kann.

Insbesondere denke ich da an die Meldungen aus der Justiz; das, was wir in meiner Jugend »Polizeiberichte« genannt haben. Hier ist ein vorsichtiges Vorgehen der Medien sehr bedeutsam, um keine Besorgnis oder gesellschaftliche Panik zu schüren, wenn über Verbrechen berichtet wird.

Die Unschuldsvermutung muss als eine der Garantien für eine Information geachtet werden, die dem Gemeinwohl verpflichtet ist. Niemand hat etwas davon, wenn Strafverfahren mit sensationsheischenden Absichten geschildert werden, wenn Verdächtige augenblicklich zu Schuldigen werden, wenn das Privatleben der

Opfer exponiert oder wenn zur medialen Lynchjustiz an Menschen aufgerufen wird. Vergessen wir nicht, dass menschliches Leben und die Würde von Brüdern und Schwestern auf dem Spiel stehen.

Niemand wird mit der Fähigkeit geboren, falsche von echten Nachrichten zu unterscheiden, oder frei von der Verlockung durch Klatsch und Sensationsgier. Wir müssen uns in einer gemeinsamen gesellschaftlichen Anstrengung dazu erziehen, uns nicht von Versuchen, uns in diese Richtung zu manipulieren, gefügig machen zu lassen. Ich erinnere an Dostojewskis Worte: »Hundert Vermutungen ergeben noch keinen Beweis.«[27]

Diese Versuchungen durch die Medien, die uns von ihrer erzieherischen Rolle wegführen und auf die gefährlichen Abwege der Verleumdung, der Diffamierung und der medialen Lynchjustiz locken können, die gegen einen Menschen gerichtet sind, können sogar zu ernsteren politischen Auswüchsen führen, wenn sie eingesetzt werden, um die demokratische Basis einer Gesellschaft zu unterminieren.

Ich beziehe mich damit auf das sogenannte *lawfare*, über das zahlreiche Spezialisten Theorien aufgestellt haben und das droht, für viele unserer Gesellschaften zu einer immer größeren Gefahr zu werden. In Lateinamerika zum Beispiel haben viele Diktaturen mit dem gleichen Modus operandi begonnen: »die Kommunikation zu verfälschen, um sie in die Hände einer skrupellosen Person, einer skrupellosen Regierung zu legen. (...)

Wenn ein Mediengesetz existiert, wird es abgeschafft; man überträgt den gesamten Kommunikationsapparat an eine Firma, ein Unternehmen, das Klatsch und Falschheiten verbreitet und das demokratische Leben schwächt. Dann kommen die Richter, um über diese geschwächte Institution, die vernichteten, verurteilten Menschen ihr Urteil zu sprechen, und schon ist man auf dem Weg in die Diktatur.«[28]

Ich habe gegenüber Richtern aus aller Welt meine Besorgnis bezüglich eines Mechanismus' zum Ausdruck gebracht, der nicht nur die Demokratien in den betroffenen Ländern gefährdet, sondern allgemein dazu benutzt wird, aufstrebende politische Prozesse zu untergraben und dazu geeignet ist, systematisch die sozialen Rechte zu verletzen, wobei offensichtlich ist, dass Teile der Justiz mit den Medien, die sich gern mit ihrem Beinamen »vierte Gewalt« schmücken, gemeinsame Sache machen.

»Im zivilen Leben, im politischen Leben, wenn ein Staatsstreich vorbereitet wird, beginnen die Medien schlecht von den Leuten zu reden, von den Regierenden, und besudeln sie mit Verleumdungen und Diffamierungen. Dann kommt die Justiz und verurteilt sie, und schließlich findet der Staatsstreich statt. Es handelt sich um eines der erniedrigendsten Systeme«, so habe ich es definiert.[29]

Das Johannes-Evangelium ruft uns ins Gedächtnis, dass »die Wahrheit euch befreien [wird]«. (Joh 8,32) Daher der Appell, sich gegen all diese Arten falscher Nachrichten zu stellen. Die sogenannten Fake News, unter denen man allgemein online oder in den traditionellen Medien verbreitete Desinformationen versteht, basieren auf nicht-existenten oder verzerrten Daten, deren Zweck es ist, den Leser zu betrügen oder sogar zu manipulieren, um bestimmte Ziele zu erreichen, politische Entscheidungen zu beeinflussen oder wirtschaftlichen Profit zu erzielen. Auch können wir den Blick nicht von einem immer verbreiteteren Phänomen der modernen Gesellschaften abwenden, das in nicht wenigen Fällen eng mit den oben angesprochenen Problemen verbunden ist. Es handelt sich um die sogenannte *Cancel Culture*.

Die gegenwärtigen Umstände verlangen von uns stets, mit der Hermeneutik von heute betrachtet, analysiert und beurteilt zu werden. Doch gewisse aktuelle Tendenzen, die an ideologische Kolonisierung grenzen, versuchen, den Bereich der Meinungsfreiheit zu schmälern, indem sie sich zu Verteidigern der Unterprivilegiertesten oder derer, die keine Stimme haben, aufschwingen.

So wird häufig im Namen des Schutzes der Diversität jeglicher Sinn für Identität verwischt, unter der Gefahr, Positionen zum Schweigen zu bringen, die für eine respektvolle und ausgewogene Vorstellung der verschiedenen Sensibilitäten eintreten. Man versucht, einen gefährlichen Tunnelblick aufzuzwingen, der dem Reichtum der multikulturellen Gesellschaften entgegensteht, in denen wir leben und die eher einem vielflächigen Körper gleichen, in dem unterschiedliche Realitäten existieren, ohne sich gegenseitig zu beeinträchtigen.

Einige wollten auf die Vergangenheit die Version der Geschichte projizieren, wie sie sie jetzt gerne hätten. Dazu müssen sie auslöschen, was gewesen ist. Aber es ist andersherum. Für eine echte Geschichte braucht es Erinnerung, und das verlangt von uns, dass wir die gegangenen Wege anerkennen, auch wenn sie beschämend sind.«[30] Wir können unsere Vergangenheit nicht mit parteiischen Augen betrachten oder »auf einem Auge blind« sein. Die Geschichte ist so, wie sie ist, und nicht, wie wir sie heute gern hätten. Und wer seine Geschichte nicht kennt, ist dazu verurteilt, sie zu wiederholen.

Die Gefahr dieser Tendenzen besteht darin, zu einem eingleisigen Denken zu führen, das sich bemüßigt fühlt, die Geschichte aufgrund heutiger Kategorien zu leugnen oder umzuschreiben. Man will die Ereignisse der Vergangenheit »mit der Montagszeitung schon in der Hand« beurteilen, wie man in einigen Ländern sagt.

Ein weiterer Aspekt, den man in den heutigen Gesellschaften mit Sorge betrachten muss, ist die Verbreitung von Hassreden, insbesondere in den sozialen Medien oder neuen Formaten, die Anonymität garantieren. Ich weiß, dass man immer versucht hat, das Internet und seine Räume als Ort maximaler Redefreiheit zu bewahren, doch die Zunahme von Äußerungen, die nur auf

Angriff und Disqualifizierung aus sind, zwingt uns, einige der historischen Postulate, auf denen das aufgebaut wurde, was wir heute allgemein als Internet kennen, neu zu hinterfragen.

Von welcher Meinungsfreiheit reden wir, wenn wir das zunehmende Auftreten sogenannter »Trolle« betrachten – dieser geisterhaften User, die dazu erschaffen sind, die Präsenz eines bestimmten Inhalts online zu multiplizieren, um die Diskussionen im Netz zu lenken und zu manipulieren?

Diese Praktiken, die in den sogenannten sozialen Netzwerken so verbreitet sind, tauchen auch häufig in den traditionellen Medien auf, durch sogenannte »Forumsteilnehmer«, die online veröffentlichte Nachrichten kommentieren. Viele Medien sind sich der Angriffe und Hassreden schon bewusst, die unter den Besuchern ihrer Seiten überhandnehmen, und ergreifen Maßnahmen, um die Veröffentlichung gewisser Nachrichten zu beschränken oder zu verhindern.

Diese Hassreden, ob im Netz oder traditionellen Medien, scheinen einige Verhaltensweisen an die Oberfläche zu bringen, die man für ausgerottet hielt.

Heute kommunizieren und informieren wir Menschen uns über Kanäle, die über die traditionellen Medien hinausgehen. Fortschritte in Wissenschaft und Technik ermöglichen es jedem, eine regelrechte Kommunikationszentrale in der Tasche zu tragen. So interagieren wir durch einen einzigen Klick mit anderen, tun mit unseren Likes Meinungen kund und können Kontakt zu Gruppen in anderen Weltgegenden oder mit Menschen pflegen, die wir schon lange nicht mehr persönlich getroffen haben. Gegenüber dieser neuen Art, in Beziehung zueinander zu treten, bleibt jedoch der menschliche Kontakt unersetzlich. Man erlebt es an Flughäfen oder Bahnhöfen: Tausende von überschwänglichen Umarmungen, ob zum Abschied oder beim Wiedersehen, erinnern uns daran, dass wir nicht ohne Nähe leben können. Während der Pandemie hat die Virtualität uns eine zweckdienliche Kommunikation erlaubt, doch den Geschwistern fehlten die Umarmungen, den Kindern die Gesellschaft ihrer Lehrer in den Klassenzimmern und den Freunden die Möglichkeit, gemeinsam an einem Tisch zu essen. Die virtuelle Kommunikation wird nie der Begegnung mit dem anderen gleichkommen. Die Technik kann eine Hilfe sein, sicherlich, doch nie ein permanenter Ersatz für persönliche Beziehungen und Begegnungen.

Diese neue Art, die Technik zu leben, birgt auch andere Warnzeichen. Wir müssen diejenigen sein, die über die immer stärkere Einbeziehung Künstlicher Intelligenz in unser Leben bestimmen, und dürfen nicht zu passiven Beobachtern der großen Paradigmenwechsel werden, die uns und noch mehrere zukünftige Generationen prägen werden.

Wenn wir alle schon wachsam gegenüber den neuen Technologien und ihren Auswirkungen sein müssen, dann stellen wir uns nur vor, wie aufmerksam wir verfolgen müssen, wie Kinder und Jugendliche der digitalisierten, globalen Welt ausgesetzt sind. Die allgemein akzeptierten Zahlen weisen darauf hin, dass mindestens 25 Prozent der Internetnutzer in der modernen Welt Minderjährige sind; ungefähr 800 Millionen Kinder und Jugendliche, die unterschiedlich oft das digitale Schiff der Menschheit besteigen.[31]

Welchen Schutz können wir ihnen gewährleisten, damit ihre Erkundung dieser neuen Welt nicht ihr gesundes Wachstum und ihre ungestörte Kindheit gefährdet? Zu welcher Rolle sind wir als Gesellschaft aufgerufen, eingeschlossen wir als Eltern, Unternehmen und Regierungen, um einen Schutz zu leisten, der sie von Exponierungen fernhält, die unerwünscht oder schlimmstenfalls potenziell gefährlich für ihre Würde und Gesundheit sind?

Denn die Gefahren sind da: Einschüchterung, Mobbing und andere Formen der Belästigung; das Phänomen der *Sextortion*, das heißt, Erpressung auf Grundlage sexueller Bilder; das Einschleichen bei Minderjährigen im Netz zu sexuellen Zwecken – das sind nur einige der Warnzeichen, die uns Sorgen bereiten und beschäftigen müssen. Außerdem existieren noch andere schwere und komplexe Formen, die auch Männer und Frauen betreffen, wie online organisierter Menschenhandel und das virtuelle Angebot von Prostitution, die ebenfalls in die Verantwortung aller fallen und die wir engagiert bekämpfen müssen.

Viele dieser Gefahren stellen schwere Verbrechen mit oft grenzüberschreitenden Strukturen dar, darunter Netzwerke von Menschenhandel und andere Straftaten. Es ist nie zu spät, die Bitte an alle gesellschaftlichen Akteure, öffentlichen und privaten Institutionen, Banken und Finanzorganisationen zu erneuern, sich nicht zu Komplizen dieser Verflechtungen zu machen (wie zum Beispiel das Zulassen der Geldwäsche zur Verschleierung ihrer Profite). Die internationale Kooperation ist entscheidend, um Informationen über Standorte und Serverzugänge zu teilen; ein Schlüsselwerkzeug, um diese Gefahren für unsere Minderjährigen zu bekämpfen.

Die Rolle der Technikunternehmen und Internet-Provider bei der Verbreitung von Inhalten kann nicht mehr nur als Bereitstellung von Infrastruktur betrachtet und gänzlich getrennt davon gesehen werden, wie die Werkzeuge, die sie ihren Kunden an die Hand geben, eingesetzt werden. Alle sind verantwortlich.

Im selben Sinne appelliere ich an Regierungen und Unternehmen, Hand in Hand zu arbeiten und bessere Instrumentarien zu entwickeln, um den Schutz derer zu garantieren, die auf die verschiedenen Seiten, die das Internet anbietet, zugreifen.

Diese Forderungen sind nicht unvereinbar mit bestimmten Meinungen, die sich in den letzten Jahren dafür ausgesprochen haben, den Internetzugang als Menschenrecht anzuerkennen. Die Generalversammlung der Vereinten Nationen hat sich bereits in dieser Richtung geäußert.

Angesichts all der Herausforderungen, vor die uns die neue Welt der Telekommunikation stellt, kann und darf die Kirche nicht außen vor bleiben. Wir sind aufgefordert, einen Schritt auf diesen virtuellen Raum zuzugehen, der uns, so wie dem Rest der Gesellschaft, teilweise unbekannt und geheimnisvoll vorkommt. Auch das bedeutet es, eine Kirche im Aufbruch zu sein: den Mut zu fassen, uns ins offene Meer der digitalen Welt zu stürzen.

Es sind Räume, die von unseren Gemeinden und Familien bewohnt werden. Warum nicht ihnen auch in der Welt der Bits entgegengehen? Eines ist klar: Es geht nicht darum, unsere Messe durch einen Livestream auf TikTok zu ersetzen oder die Bilder unserer Märtyrer zu konvertieren, um sie in Umlauf zu bringen. Aber wir können neue Sprachen finden, damit die virtuelle Welt uns nicht vollkommen fremd bleibt. Das »Ende der Welt«, an das uns das Evangelium erinnert, reicht heute auch bis ins Digitale. Auch dort können wir uns zugunsten der Barmherzigkeit, der Innigkeit und der Freude einloggen, ohne die Unterprivilegiertesten zu vergessen.

4

Im Namen Gottes bitte ich um eine Politik, die sich für das Gemeinwohl einsetzt

Ich glaube an die Politik als ein Instrument, um das Leben unserer Brüder und Schwestern zu verändern. Ich glaube an eine »großgeschriebene« Politik, die ein Dienst ist und den Leitfaden dafür darstellt, wie das Volk sich organisiert und ausdrückt. Eine gemeinschaftliche Politik, die mit dem Volk und nicht nur für das Volk etabliert ist, auf Dialog basiert und niemals das Gemeinwohl aus dem Blick verliert, das ihr wahres und vorrangiges Anliegen ist.

Doch mir ist auch klar, dass bei manchen die Politik »kleingeschrieben« wird und zu einem bösen Wort geworden ist. Fehler, Korruption und Ineffizienz der Regierenden[32] haben in Teilen der Gesellschaft zu weitverbreiteter Apathie und Skepsis geführt. Wahr ist auch, dass sich Interessen aller Art durchsetzen, wenn die Politik zurückweicht, und daher versuchen bestimmte Kräfte, ihre Legitimität zu untergraben, um sie durch Wirtschaft, Technokratie oder das Recht des Stärkeren zu ersetzen. Daher bitte ich im Namen Gottes darum, dass wir alle gemeinsam eine Politik erschaffen, die für das Gemeinwohl tätig ist, dass wir sie stützen und ihr wieder zur Geltung verhelfen.

2021 hatte ich Gelegenheit, Athen zu besuchen, die Wiege der Zivilisation und den Ort, an dem der Mensch das Bewusstsein dafür entwickelt hat, ein »politisches Wesen« zu sein. Dort, darüber sind sich die großen Klassiker einig, ist der Ursprung der »Polis« zu finden.[33] Was ist heute vom ursprünglichen Traum der damaligen Menschen noch übrig, die in ihrem Zusammenschluss eine Form der Arbeit für das Gemeinwohl sahen?

Seit Anfang des 20. Jahrhunderts haben meine Vorgänger die Politik stets als »hohe Form der Nächstenliebe« bezeichnet. Ich sehe sie ebenfalls so. Diese Definition lässt sich auf eine Praxis herunterbrechen, die, als Dienst am Nächsten betrachtet, das Allgemeinwohl der Gesellschaft verfolgt. Diese kurzen Zeilen zeigen ihre Stärken und Schwächen; ihre Gefahren und ihr Potenzial.

Warum ist sie ein Dienst? Weil die Politik versucht, uns vom *Ich* zum *Wir* zu führen. Individuelle oder Partikularinteressen spielen dabei keine Rolle – oder sollten es zumindest nicht als bestimmende Kriterien. Weil wir in ihr Jesus erkennen, der kam, um zu dienen und nicht, um bedient zu werden. Weil sie Opfer und Hingabe bedeutet – oder, einmal mehr, bedeuten sollte.

Warum strebt sie nach dem Gemeinwohl? Weil zu ihren Zielen das gehört, was die Soziallehre der Kirche bezeichnet als »die Gesamtheit jener Bedingungen des gesellschaftlichen Lebens, die sowohl den Gruppen als auch deren einzelnen Gliedern ein volleres und leichteres Erreichen der eigenen Vollendung ermöglichen«.[34]

Laut der Soziallehre der Kirche ist »das Gemeinwohl die Daseinsberechtigung der politischen Autorität«.[35] Auch der Katechismus weist uns darauf hin, dass »jede menschliche Gemeinschaft ein Gemeinwohl [besitzt], durch das sie sich als solche erkennen kann. Am vollständigsten wird dies in der politischen Gemeinschaft verwirklicht.«[36]

Daher greife ich auf *Fratelli tutti* zurück, um mich zusammen mit euch allen zu fragen: »Kann die Welt ohne Politik funktionieren? Kann sie ohne eine gute Politik einen effektiven Weg zur allgemeinen Geschwisterlichkeit und zum gesellschaftlichen Frieden finden?«[37]

Jegliche Überlegung über Politik darf ihren Hauptakteur, das Volk, nicht außer Acht lassen.

Ich habe das Volk schon mehrmals als mythische Kategorie definiert; nicht zu verwechseln mit mythologisch. Mythisch in dem Sinne, dass diese Kategorie zu ihrer Erklärung und ihrem Verständnis die Logik und Historie transzendiert, sie jedoch auch umfasst. Mythisch insofern, als man in ihren Geist, ihre Kultur, ihr Herz, ihre Arbeit, ihre Geschichte und in das Umfeld ihrer Tradition eintreten muss.

Das Volk umfasst soziale, kulturelle und menschliche Beziehungen, denen es Gestalt verleiht und sie zu einem kollektiven Projekt verdichtet. Es ist die Konstruktion einer gemeinsamen Identität. Und dieser Bonus, den das Volk als Subjekt besitzt, macht es zum Protagonisten der Politik. Er macht es zum zentralen

Akteur der Verfolgung des Gemeinwohls mittels eines Dienstes.

Doch da ein Angriff auf die Demokratie nicht viel Marketing erfordert, haben sich Ausdrücke verbreitet, die jede Anspielung auf das »Volk« oder das entsprechende Adjektiv »populär« verdammen. In den letzten Jahren hat man versucht, die ganze Kategorie abzuwerten, indem man sie mit »Populismus« und »populistisch« in Verbindung bringt, die man als einzigen Blickwinkel zur Betrachtung der Realität gebraucht.

Die Diskreditierung des politischen Gegners durch eine Zweiteilung in populistisch und nicht populistisch ist eines der Übel der modernen Politik, das nur wenige Länder ausnimmt.

Wir dürfen das Volk und den Populismus nicht als Synonyme behandeln. Der Populismus – wenn auch in den unterschiedlichen Schattierungen, die man darunter auf jedem Kontinent versteht – versucht zu erreichen, dass eine kleine Gruppe sich des Gefühls des Volks bemächtigt. Er schließt aus und konzentriert, wenn er nicht manipuliert und zuspitzt. Und populistisch können sowohl die Anführer wie auch die Parteien sein, wenn sie zu einer Elite werden, die sich von dem Volk abwendet, das ihnen geholfen hat, sich dazu aufzuschwingen. Aus dem 20. Jahrhundert kennen wir Fälle von Populismus, die mit legitimen Wahlen begonnen haben und in den Totalitarismus abgedriftet sind. Heute erleben wir schmerzlich eine Wiedergeburt dieser autoritären Strömungen, vor denen nicht einmal Europa selbst sich sicher fühlen kann.

Wenn die Politik nicht von solchen Tendenzen manipuliert wird, umfasst sie nicht nur die Nächstenliebe, die uns dazu bewegt, in unserem persönlichen Umfeld gute Samariter zu sein, sondern vereint uns in einer kollektiven Konstruktion, um einen historischen Prozess in Gang zu setzen, der die Unterprivilegiertesten begünstigt. Wenn die Politik als Streben nach dem Gemeinwohl ausgeführt wird, verwandelt sie den Voluntarismus in organisierte Aktion. Daher sagen wir, dass sie eine hohe Form der Nächstenliebe darstellt.

So wiederhole ich noch einmal, dass »ein Einzelner einer bedürftigen Person helfen [kann], aber wenn er sich mit anderen verbindet, um gesellschaftliche Prozesse zur Geschwisterlichkeit und Gerechtigkeit für alle ins Leben zu rufen, tritt er in ›das Feld der umfassenderen Nächstenliebe, der politischen Nächstenliebe ein‹«.[38]

Diese Politik, auf die wir abzielen, wird jedoch durch verschiedene Faktoren bedroht. Ich übertreibe nicht, wenn ich behaupte, dass sie sich in einer Krise befindet, die viele Gesellschaften heimsucht und droht, das allgemeine Wohlergehen zu untergraben.

Eines der sinnbildlichen Zeichen dieser Krise ist das, was viele Analytiker als wahrnehmbare Verarmung des Niveaus der öffentlichen politischen Diskussion betrachten. Immer seltener ist ein respektvoller Meinungsaustausch anzutreffen. Das Klima des »permanenten Wahlkampfs«, das die modernen Demokratien durchzieht, macht aus den Politikern Automaten, die effekthascherische Slogans abspulen, ohne sich wirklich mit ihren Gegnern auszutauschen. Auch die Medien tragen zur Verschlechterung der Diskussionsqualität bei, etwa mit ihren Formaten, die die Möglichkeit, Ideen zu entwickeln, immer stärker einschränken.

Dieses Klima ist nicht zuträglich für eine Realität, in der verschiedene Faktoren eine Atmosphäre der Skepsis gegenüber den Stärken der Politik und der Demokratie schaffen. Beispielsweise betrachtet man mit Sorge, dass die Unsicherheit zunimmt und es immer problematischer wird, mit dem Monatslohn auszukommen, sogar unter Menschen in festen Arbeitsverhältnissen (ein gefährliches Phänomen, das wächst). Unter diesen Bedingungen finden populistische Bewegungen ein Klima, das günstig für ihren Zuwachs ist.

Wenig hilfreich ist dabei auch die immer größere Distanz, die viele Völker in Bezug auf ihre Politiker wahrnehmen, die sie mehr darum bemüht finden, ihre eigenen Interessen wahrzunehmen, als sich um das Gemeinwohl ihrer Mitbürger zu kümmern. Daher rufe ich euch auf, euch einzusetzen, um die Politik zu rehabilitieren, die eine hohe Berufung darstellt. Denn wenn die Politik diskreditiert dasteht, in einem aufgeheizten Klima und mit verarmten Debatten, laufen wir Gefahr, den Dialog zwischen den unterschiedlichen Akteuren zu unterbrechen.

Und so entsteht eines der großen Probleme unserer modernen Gesellschaften, die Polarisierung.

Welches Gegenmittel besitzen wir gegen die Polarisierung? Dialog, Dialog und nochmals Dialog. Einen Dialog führen, um den anderen kennenzulernen. Wenn ich ihn nicht kenne, kann ich ihn auch nicht verstehen. Und wenn ich ihn nicht verstehe, kann ich nicht wahrnehmen, was er in den Austausch einbringen kann. In der speziellen Welt der aktuellen Politik werden als Debatten manchmal bruchstückhafte Monologe von Personen präsentiert, die keinen Dialog miteinander führen, sondern abwechselnd mit der Kamera reden. Nichts könnte weiter von einer Debatte entfernt sein.

Der Heilige Paul VI. widmete einen Gutteil der Enzyklika *Ecclesiam Suam* der Frage des Dialogs. Darin stellte er vier Bedingungen auf, um den Dialog zu einer Kunst zu gestalten, die zur »Verbindung von Wahrheit und Liebe, von Klugheit und Güte« führt.[39]

So sind die vier Bedingungen, die ein echter Dialog erfüllen muss, »vor allem *Klarheit*« in Form einer »Gedankenmitteilung«; »*Sanftmut*«, denn sie ist »nicht hochmütig, verletzend, noch beleidigend«; »*Vertrauen*« auf das eigene Wort und das des Gesprächspartners; und »*pädagogische Klugheit*, die die weitgehend psychologischen und moralischen Voraussetzungen des Zuhörers berücksichtigt«.[40]

In wie vielen aktuellen politischen Diskussionen erkennen wir diese Eigenschaften wieder?

Dort, wo der Dialog fehlt, wächst die Spaltung. Das sehen wir in der Welt, die uns umgibt, sogar über die Politik hinaus. Stellen wir uns ein Paar vor: Was passiert, wenn die beiden nach einem Streit zu Bett gehen, ohne miteinander zu reden, und jeder sich in sein Inneres zurückzieht? Am nächsten Morgen herrscht Kalter Krieg.

Übertragen wir jetzt dieses Bild des fehlenden Dialogs auf die Politik. Wenn ich nur mit meinen eigenen Leuten rede, um mich selbst zu überzeugen, wenn ich von vornherein jede Aussage des Anderen abtue, lehne ich ihn ab und werde daher nie akzeptieren, dass seine Haltung auch einen Wert haben könnte. Wenn ich den Gegner nur als Feind betrachte, trage ich zum Klima der sozialen Aggressivität bei, das in unseren Gesellschaften, beflügelt von gewissen populistischen Diskursen, bereits gepflegt wird: Mit immer radikaleren Vorstößen nähren sie die Unzufriedenheit, die gelegentlich sogar aus legitimen Gründen, die in der Unzufriedenheit des Volkes wurzeln, entspringt.

Dieses aggressive Klima wird zudem durch die Verbreitung mobiler Geräte und Apps verstärkt, die es erlauben, sich im Schutz der Anonymität über jegliche Grenzen des in der öffentlichen Debatte Unaussprechlichen hinwegzusetzen. Schlimmer noch ist es, wenn die politischen Autoritäten selbst schamlos gegen den Anderen hetzen. Selbst in der Kirche ist uns diese Problematik nicht fremd: Auch unter uns existieren Gruppen, die zu spalten versuchen, indem sie uns Kategorien von

»rechts und links« oder »progressiv und konservativ« aufdrücken. Wir müssen auch dafür arbeiten, uns dem zu entziehen und immer weiter für den Dialog einzutreten.

Vor über zwei Jahren habe ich die beim Heiligen Stuhl akkreditierten Mitglieder des diplomatischen Korps darauf aufmerksam gemacht, dass »die immer stärkeren Polarisierungen [nicht dazu beitragen], die realen und dringenden Probleme der Bürger, insbesondere der ärmsten und schwächsten, zu lösen. Ebenso wenig vermag das die Gewalt, die aus keinem Grund als Mittel zum Umgang mit politischen und sozialen Problemen eingesetzt werden darf.«[41]

Die offensichtlichste Wunde durch fehlenden Dialog und den Niedergang in der Politik stellt der Krieg dar. Er ist der Beweis dafür, dass sie die Berufung zur Einheit verloren hat. Wir müssen uns alle die größte Mühe geben, eine gute Politik zu fördern, die für das Gemeinwohl wirkt und auf dem Dialog basiert, um zu einem »Gegenmittel« gegen die Polarisierung zu werden.

Zwei weitere Dialoge darf die Politik nicht vernachlässigen, um ein legitimes Werkzeug beim Aufbau kollektiver Träume zu werden:

Der erste ist weniger ein Dialog als eine Art Aufbau. Ein großer Teil der Apathie und der Skepsis, die der Politik gelegentlich entgegenschlägt, entstammt der Wahrnehmung einer immer größeren Entfernung zwischen den Diskursen der Regierenden und dem, was im Bereich des Volkes vor sich geht.

Die (»großgeschriebene«) Politik muss, um Geschwisterlichkeit aufzubauen, *zusammen* mit den Bedürftigsten arbeiten, leben und wachsen, und nicht nur *für* sie. Denn ein echter und dauerhafter Wandel kann nicht stattfinden, wenn er nicht »von innen heraus und von unten« geschieht. Gelegentlich erleben wir, wie Menschen mit guten Absichten, ausgehend von unterschiedlichen Ideologien, versuchen, den Armen zu helfen, doch es gelingt ihnen nicht, mit Empathie, Vertrauen und Rat zu ihnen durchzudringen, weil sie als Außenseiter betrachtet werden.

Damit will ich nicht behaupten, dass diese Hilfen keine Linderung bringen und manchmal für diese Menschen die einzige Quelle von Einkommen oder Nahrungsmitteln sind. Doch ohne dass die Politik es schafft, ihre eigenen Schwierigkeiten und Vorurteile zu überwinden und zur Haltung einer wahren Nähe gelangt, wird es ihr schwerfallen, die konkreten kulturellen Charakteristika dieser Armen zu verstehen, die sich manchmal so stark von denen unterscheiden, die an den Hochschulen oder bei Kommunikationstrainings gelehrt werden.

Es ist wichtig, daran zu erinnern, dass »angesichts der Armen keine großen Worte [nützen], sondern man krempelt die Ärmel hoch und setzt den Glauben durch das persönliche Engagement in die Praxis um, welches nicht an andere delegiert werden kann. Manchmal kann jedoch eine gewisse Laxheit eintreten, die zu inkonsequentem Verhalten führt, z. B. zu Gleichgültigkeit gegenüber den Armen. (…) Es geht also nicht um eine Wohlfahrtsmentalität gegenüber den Armen, wie es oft der Fall ist, sondern es geht darum, sich dafür einzusetzen, dass es niemandem am Nötigsten fehlt.«[42]

Hier erinnere ich auch an die von meinen Vorgängern eingeschlagene Linie. Diese gute Politik, um deren Umsetzung bei den Bedürftigsten wir bitten, setzt das fort, was Leo XIII. mehrmals mit dem Begriff »Freundschaft« beschreibt, Pius XI. seinerseits »tätige Nächstenliebe« nennt und was der Heilige Paul VI. breiter als »Kultur der Liebe« beschreibt.

Ein gutes Beispiel für diese Arbeit sind die Movimientos Populares, die Volksbewegungen in Lateinamerika, diese »›kollektiven Samariter‹, die nicht versuchen, Ideen von außerhalb auf die Realität des Volks anzupassen, sondern zusammen mit dem Volk sehen, urteilen und handeln, weil sie das organisierte Volk *sind*.«[43]

Die Haltung, »den Menschen in die Augen [zu] sehen«[44] wird es den Politikern und allgemein den Regierenden erlauben, einen echten Kontakt zu den Bedürftigsten aufzubauen, der sich nicht auf das Vorfeld von Wahlen beschränkt. So werden sie in der Lage sein, wirklich mit ihrem Volk zu gehen und sich eine zutreffende Vorstellung von seinen Bedürfnissen zu machen.

Fälle aus jüngster Zeit, zum Beispiel die Demonstrationen in den Vereinigten Staaten nach dem Mord an George Floyd, gehen in die gleiche Richtung: Massenbewegungen, die dort, wo sie eine Ungerechtigkeit sehen, Einspruch erheben. Eine von unten entstandene und von unten angestoßene Bewegung, zu der sich dann Menschen von verschiedenen Seiten gesellt haben, die jedoch nicht versucht haben, die Mobilisierung an sich zu reißen. Vor einigen Jahren besuchten mich Basketballspieler aus der Profiliga der USA, die sich für diese Demonstrationen begeisterten, und brachten mir zur Erinnerung eines ihrer Trikots mit. Ja, sie haben Politik gemacht, aber eine »großgeschriebene« Politik, indem sie Seite an Seite mit den Gemeinschaften arbeiteten und sogar zu Sportstreiks aufriefen, um Bewusstsein für das dort entstandene Phänomen mit dem Motto »Black Lives Matter« zu schaffen.

Ein weiterer Aspekt, den die Politik nicht vernachlässigen darf, ist die Förderung der Teilhabe der Jugend. Wenn die Politik versucht, die Träume des Volkes wahr zu machen, muss sie diejenigen einbeziehen, die seine Zukunft sind.

Die jungen Leute fordere ich auf, sich in die Politik einzumischen. In seiner *Göttlichen Komödie* bedenkt der Dichter Dante die Trägen – das heißt, die, die tatenlos und neutral bleiben – mit einer der schwersten Strafen: Er versichert, dass »Mitleid und Gerechtigkeit sie verschmähen«. Angesichts eines wachsenden Ansehensverlusts wirken die jungen Leute wie ein frischer Wind und bringen neue Meinungen und Gesichtspunkte ein, die die Regierenden mobilisieren können. Die Jungen sind diejenigen, die die Kraft und den Mut besitzen, über das gesellschaftlich Korrekte hinauszugehen. Aber wir sprechen hier nicht von den Jugendlichen, die mir wie Bettlaken vorkommen: Sie sind fertig gestärkt, gebügelt und bereit, in den Wäscheschrank der Bequemlichkeit geräumt zu werden. Nein! Jugendliche, die sich für andere engagieren und Lust haben, Strukturen zu erschüttern, um sich ihren eigenen Raum zu schaffen.

Wie enttäuschend, wenn die Politik sich von ihrem Volk entfernt und zur Ursache dafür wird, dass auch die Jugendlichen sich zu Apathie und Skepsis hingezogen fühlen. Es ist eine schwere Sünde, dass die Politiker bei unserer Jugend Misstrauen erwecken und ihnen die Chance nehmen, an einem Projekt für die Zukunft teilzuhaben.

Während meiner Zeit als Erzbischof von Buenos Aires habe ich mit der Hilfe einiger Mitstreiter zwei Initiativen ins Leben gerufen, die versuchten, den Schülern der weiterführenden Schulen der Stadt, und zwar denen der Abschlussklasse, die zwischen 16 und 17 Jahre alt sind, den politischen »Floh« ins Ohr zu setzen.

Eins dieser Experimente, die »Escuelas hermanas«, also die Schulen der Brüderlichkeit, förderte die horizontale Solidarität zwischen den Schülern aus den Institutionen der Landeshauptstadt mit einer größeren ökonomischen Kapazität und den Schulen aus dem Landesinneren mit entsprechend weniger betuchten Lebensgrundlagen. Durch den Austausch nicht nur von

Materialien oder Instrumentarien, sondern auch von Träumen und Projekten wurde ein Netz der Freundschaft geschaffen, das in vielen Fällen bis heute besteht. Dies sind die Auswirkungen einer Kultur der Begegnung, die in der Lage ist, im Anderen einen Bruder, eine Schwester zu erkennen. Über das andere Experiment, die »Escuela de vecinos«, die Schule der Nachbarschaft, haben wir es geschafft, dass sich Tausende von Schülern für die Probleme ihrer konkreten Umgebung interessierten (für den Häuserblock, das Viertel, die Schule selbst) und versuchten, daraus Gesetzgebungsprojekte zu entwickeln, um sie der Stadtverwaltung vorzulegen. So entstanden ungefähr zehn sogenannte »Jugendgesetze«, darunter eines, das vorschlug, Buenos Aires zur »Ciudad Educativa«, zur Bildungsstadt zu ernennen (2006) sowie andere, konkretere, wie die Einführung des Kleidergrößengesetzes (2009), das Textilunternehmen verpflichtet, jedes Kleidungsstück in mindestens acht unterschiedlichen Größen anzubieten, um Essstörungen entgegenzuwirken; oder das Gesetz für gesunde Kioske (2010), das anregt, Nahrungsmittel und Getränke anzubieten, die der Gesundheit dienlich sind.

Das Programm besteht bis heute und hat bisher zehntausend Schüler aus der Stadt involviert. Außerdem waren die Schule der Nachbarschaft und die Schulen der Brüderlichkeit der Ausgangspunkt für das, was heute die private Gemeinschaft der Gläubigen mit internationaler Ausrichtung darstellt, die *Scholas Occurrentes*.

Genau wie der Fußball, die Kunst oder der Tanz braucht auch die Politik ihre eigenen Brutstätten, um den jungen Leuten, die die Berufung zur Teilnahme spüren, Anregungen zu bieten. Es werden Jugendliche gebraucht, die diesen »Mut zum Wagnis« haben, wie Dostojewski schreibt. Daher erneuere ich meine Bitte, dass wir die Politik sanieren, was hoffentlich zu einer größeren Teilnahme der Jugendlichen führen wird. Das Misstrauen gegenüber der Politik entsteht dann, wenn man sie mit einem Unternehmen verwechselt. Man denkt an seinen eigenen Nutzen, an das »was habe ich davon?«

Und wie kommt es, dass man dazu gelangen kann, die Politik wie ein Unternehmen zu betrachten? Durch eines der Übel, die auf der ganzen Welt zersetzend wirken, die Korruption. Deswegen sage ich auch den Politikern, indem ich sie an einen ehemaligen lateinamerikanischen Präsidenten erinnere: »Wenn ihr das Geld liebt, geht nicht in die Politik.«

Anders als bei der Sünde gibt es bei der Korruption nur schwerlich eine Umkehr. Berauscht vom Geld oder der Macht gewöhnt sich der Bestechliche daran, eine andere, eine verdorbene Luft zu atmen. Er vergisst, wie die frische Luft des Geistes und seiner Horizonte riecht. Und so taucht er in eine andere Welt ein, die man nicht leicht wieder verlässt. Er steht wie unter Narkose, und die Korruption wird zu seinem natürlichen Lebensraum. Und diese Warnung gilt nicht nur für die sozusagen klassische Korruption, sondern auch für andere, anscheinend mildere Formen, die jedoch immer häufiger und – leider – akzeptabler werden.

Klar ist, dass die Korruption in unseren Gesellschaften weit über die Politik hinausreicht: Wir sehen sie in der Kirche, in gesellschaftlichen Organisationen, in der Justiz, in den Unternehmen. Auch in diesen Fällen muss sie angezeigt, verurteilt und bestraft werden.

Doch klar ist ebenfalls, dass der, der behauptet, sich in der »höchsten Form der Nächstenliebe« zu engagieren, aufgefordert ist, einen besonders hohen Grad an Ehrlichkeit und Engagement bezüglich der Integrität an den Tag zu legen, die jedes Mitglied der Gesellschaft besitzt. Wir reden nicht davon, dass sie Supermänner oder Superfrauen sein sollen, sondern es geht darum, die Messlatte ein wenig höher zu legen, damit die Regierenden, die sich diesem Dienst, wie wir ihn oben genannt haben, verschreiben, ihn mit einem großen Gefühl von Nüchternheit und Demut betrachten.

Dass ein Mensch sich zum Geld hingezogen fühlt, ist nicht illegal, das sind auch Reisen in der ersten Klasse oder Villen nicht. Doch ich rufe dazu auf, dass sich nur diejenigen in die Politik involvieren, die in der Lage sind, täglich Nüchternheit und Genügsamkeit zu zeigen.

Diese Nüchternheit wird sie nicht nur weniger dazu verleiten, der Verlockung der Korruption nachzugeben, sondern wird auch als festes und starkes Beispiel für das Projekt dienen, das man vorantreibt. Das, was die Genügsamkeit widerspiegelt, kann stärker motivieren als tausend Taten für die Partei.

Wenn die Regierenden sich von einem Lebensstil entfernen, der dem der Mehrheit ihres Volks ähnelt, gleiten sie nicht nur in verschiedene Formen von Korruption ab, sondern verlieren zudem den Kontakt zu den Menschen, die ihnen die Führung anvertraut haben.

So erklärt sich der in vielen Ländern zu beobachtende Misskredit, in den alle politischen Instanzen bei der Bevölkerung geraten sind. Der politische Anführer sollte das Allgemeinwohl über seine Privatinteressen stellen. Dem Volk dienen und sich nicht des Volkes bedienen. So, wie wir in der Kirche Hirten suchen, die »nach Schaf riechen« und inmitten ihrer Herde gehen, so dürstet auch die Politik nach Dienern, die sich inmitten der Menschen bewegen. So kann man eine Politik aufbauen, die das Gemeinwohl sucht und auf dem Dialog gründet, die als Dienst empfunden wird und die Teilnahme der Jugend fördert. Eine Politik mit diesen Eigenschaften ist das einzige Gegenmittel gegen Korruption, Polarisierung und Krieg, und um sie bitte ich im Namen Gottes.

5

Im Namen Gottes bitte ich darum, dem Wahnsinn des Krieges Einhalt zu gebieten

»Es liegt kein Heil im Krieg«, schrieb vor über zweitausend Jahren der Dichter Vergil in einem seiner Verse.[45] Es ist schwer zu glauben, dass die Welt seitdem nicht gelernt hat, welche Barbarei die Kämpfe zwischen Brüdern, Landsleuten und Nachbarländern bedeuten. Der Krieg ist das deutlichste Zeichen der Unmenschlichkeit.

Dieser gequälte Aufschrei ist immer noch aktuell. Jahrelang haben wir nicht auf die Stimmen von Männern und Frauen gehört, die sich darum bemühen, jede Art von bewaffnetem Konflikt zu stoppen. Das kirchliche Lehramt hat nicht mit Worten gespart, um die Grausamkeit des Krieges zu verurteilen, und während des 19. und 20. Jahrhunderts haben meine Vorgänger ihn eine »Geißel« genannt, die »niemals« die Probleme zwischen Nationen lösen kann; sie haben erklärt, sein Ausbruch stelle »ein sinnloses Blutbad« dar, bei dem »alles verloren sein« kann und das definitiv »immer eine Niederlage der Menschheit« ist.[46] Wenn ich heute im Namen Gottes darum bitte, den grausamen Wahnsinn des Krieges zu beenden, denke ich auch daran, dass er als wahrhaftes Scheitern der Politik unter uns weiterexistiert.

Der Krieg in der Ukraine, der Millionen von Menschen mitten im Westen die harte Realität einer humanitären Katastrophe zu Bewusstsein gebracht hat, die bereits länger und in mehreren Ländern gleichzeitig im Gang ist, hat uns den grausamen Schrecken des Krieges gezeigt. Im letzten Jahrhundert ist die Menschheit innerhalb von nur dreißig Jahren zwei Mal in die Tragödie eines Weltkriegs gestolpert. Immer noch leben unter uns Menschen, deren Körper vom Grauen dieses wahnsinnigen Bruderkriegs gezeichnet sind. Viele andere Völker haben Jahrzehnte gebraucht, um sich von dem ökonomischen und gesellschaftlichen Ruin zu erholen, den die Kämpfe hinterlassen hatten. Heute erleben wir einen Dritten Weltkrieg, der in Fragmenten stattfindet, die jedoch drohen, sich immer weiter auszubreiten, bis sie sich zu einem globalen Konflikt auswachsen. Ich mache mir die verzweifelte Bitte Pius' XII. zu eigen: »Man darf nicht zulassen, dass die Tragödie eines Weltkriegs mit seinem wirtschaftlichen und gesellschaftlichen Ruin und seinen moralischen Verirrungen und Unruhen ein drittes Mal über die Menschheit kommt.«[47]

Im ausdrücklichen Widerspruch zu meinen Vorgängern zwingen mich die Ereignisse der ersten beiden Jahrzehnte dieses Jahrhunderts, unmissverständlich hinzuzufügen, dass ein Krieg unter keinen Umständen gerecht sein kann. Es gibt niemals einen angemessenen Platz für die Barbarei des Krieges. Erst recht nicht, wenn der Konflikt eines seiner ungerechtesten Gesichter zeigt; den des angeblichen »Präventivkriegs«. Die jüngste Geschichte hat uns sogar Beispiele für »manipulierte Kriege« geliefert, bei denen falsche Vorwände geschaffen und Beweise verdreht wurden, um Angriffe auf andere Länder zu rechtfertigen. Aus diesem Grund bitte ich die politischen Autoritäten, dass sie die im Gang befindlichen Kriege stoppen und weder Informationen manipulieren noch ihre Völker betrügen, um Kriegsziele zu erreichen.

Krieg ist niemals gerechtfertigt. Denn er wird nie eine Lösung sein: Man braucht nur an die Vernichtungskraft moderner Waffen zu denken, um sich die große Gefahr vorzustellen, dass ein Krieg Konflikte auslöst, die tausendfach größer als ihr angeblicher Nutzen sind, den manche in ihm sehen.

Außerdem ist der Krieg eine unwirksame Reaktion; er ist nie eine Lösung für die Probleme, die er zu überwinden behauptet. Sehen wir denn, dass es im Jemen, in Libyen oder Syrien, um einige aktuelle Beispiele anzuführen, besser steht als vor den Kämpfen?

Falls einige Menschen glauben, der Krieg könne die Lösung sein, muss es daran liegen, dass sie die falschen Fragen stellen. Dass wir noch heute Zeugen von bewaffneten Konflikten, Invasionen oder Blitzangriffen zwischen Ländern werden müssen, zeigt einen Mangel an kollektivem Gedächtnis. Hat uns das 20. Jahrhundert denn nicht gelehrt, in welche Gefahr die kriegerische Eskalation die ganze menschliche Familie stürzt?

Wenn wir uns wahrhaftig dafür engagieren, bewaffnete Konflikte zu beenden, müssen wir die Erinnerung lebendig halten, um rechtzeitig handeln und sie im Keim ersticken zu können, bevor sie durch den Einsatz militärischer Macht ausbrechen. Und dazu brauchen wir Dialog, Verhandlungen, Zuhören, Geschick und Kreativität in der Diplomatie und eine Politik mit einer Zukunftsvision, die in der Lage ist, ein System des Zusammenlebens aufzubauen, das nicht auf der Macht von Waffen oder Abschreckung basiert.

Und weil der Krieg »kein Gespenst der Vergangenheit, sondern zu einer ständigen Bedrohung geworden [ist]«[48], will ich einmal mehr an den Schriftsteller Elie Wiesel erinnern, einen Überlebenden der Nazi-Vernichtungslager, der sagte, heutzutage sei es unverzichtbar, eine »Gedächtnistransfusion« vorzunehmen und dazu aufrief, ein wenig Distanz zur Gegenwart einzunehmen, um die Stimmen unserer Vorfahren zu hören.

Hören wir auf diese Stimme, um die Gesichter des Krieges nie wiederzusehen. Denn der Wahnsinn des Krieges gräbt sich in das Leben derer ein, die ihn erleben müssen: Denken wir an die Gesichter jeder Mutter und jedes Kindes, die eine verzweifelte Flucht antreten müssen; an jede gedemütigte Familie; an jeden Menschen, der bei Angriffen, die keinerlei Achtung vor seinem Leben gezeigt haben, als »Kollateralschaden« geführt wird.

Ich sehe einen Widerspruch bei denen, die auf ihren christlichen Wurzeln beharren und dann kriegerische

Auseinandersetzungen vorantreiben, um Partikularinteressen zu wahren. Nein! Ein guter Politiker muss grundsätzlich für den Frieden eintreten; ein guter Christ muss immer den Weg des Dialogs wählen. Wenn es Krieg gibt, dann, weil die Politik gescheitert ist. Und jeder Krieg, der ausbricht, bedeutet auch ein Scheitern der Menschheit.

Daher müssen wir unsere Bemühungen zur Schaffung eines dauerhaften Friedens verdoppeln. Dazu brauchen wir Erinnerung, Wahrheit und Gerechtigkeit. Alle zusammen müssen wir einer gemeinsamen Hoffnung den Weg bereiten. Wir alle können und müssen Teil dieses gesellschaftlichen Prozesses zum Aufbau des Friedens sein. Er beginnt in jeder unserer Gemeinschaften und steigt wie ein Schrei zu den regionalen, nationalen und weltweiten Autoritäten auf. Denn von ihnen hängt es ab, Maßnahmen zum Stopp des Krieges zu ergreifen. Mit meiner Bitte im Namen Gottes fordere ich sie auch auf, die Produktion von Waffen und den internationalen Handel damit sofort einzustellen.

Die weltweiten Ausgaben für Waffen gehören zu den größten moralischen Skandalen der Gegenwart. Sie zeigen zudem den Widerspruch auf, der dazwischen besteht, vom Frieden zu reden und gleichzeitig den Waffenhandel zu fördern oder zu erlauben.

Umso unmoralischer, dass die sogenannten entwickelten Länder Menschen die Türen verschließen, die vor den Kriegen flüchten, die sie selbst mit dem Verkauf von Waffen auslösen. Dies geschieht sogar hier in Europa und bedeutet einen Verrat am Geist der Gründungsabsichten.

Der Rüstungswettlauf ist ein Beweis für den Gedächtnisschwund, der uns überkommen kann. Oder, schlimmer noch, für die Gefühllosigkeit. 2021, inmitten der Pandemie, überstiegen die Militärausgaben weltweit zum ersten Mal die 2 Billionen Dollar. Dies sind Daten eines bedeutenden Stockholmer Forschungszentrums, die uns zeigen, dass von je 100 Dollar, die auf der Welt ausgegeben wurden, 2,2 für Waffen bestimmt waren.[49]

Im Krieg verlieren Millionen alles, doch viele verdienen Millionen. Es ist ein trostloser Gedanke, sogar zu vermuten, dass viele moderne Kriege geführt werden, um Werbung für Waffen zu machen. Das muss aufhören. Ich bitte die Verantwortlichen der Nationen im Namen Gottes, sich energisch dafür zu engagieren, dem Waffenhandel, der so viele unschuldige Opfer fordert, ein Ende zu setzen. Mögen sie den Mut und die Kreativität aufbringen, die Waffenproduktion durch Industrien zu ersetzen, die die Mitmenschlichkeit, das universelle Gemeinwohl und die ganzheitliche Entwicklung von Völkern fördern. Gegenüber der Rüstungsindustrie und allem, was sie mit sich bringt, erinnere ich mich gern an die kleinen Gesten des Volkes, das, wenn auch einsam, unverdrossen beweist, dass es der wahre Wille der Menschheit ist, frei von Kriegen zu sein. Vor einigen Jahren weigerten sich im italienischen Hafen Genua die dortigen Arbeiter, ein Schiff zu beladen, das Waffen in den Jemen bringen sollte, da sie sich Sorgen um die Massaker an den Kindern dieses Landes machten. Was für ein Unterschied, nicht wahr? Denn die Behörden legten diesem Waffentransport in den Jemen keinerlei Steine in den Weg, obwohl sie wussten, was er anrichten würde.

Doch über das Problem des internationalen Waffenhandels hinaus, der sich an Kriege und Konflikte richtet, bereitet uns weiterhin die zunehmende Leichtigkeit Sorgen, mit der man in vielen Ländern Zugang zu sogenannten Waffen »für den Privatgebrauch« hat. Kleinkaliberwaffen in der Regel, doch gelegentlich auch Sturmgewehre oder Waffen mit großer Durchschlagskraft. Wie viele Fälle haben wir schon erlebt, in denen Kinder gestorben sind, weil sie zu Hause Waffen manipuliert haben; wie viele Massaker sind verübt worden, weil der Zugang zu Waffen in manchen Ländern so einfach ist?

Legal oder illegal, im großen Rahmen oder in Supermärkten, der Waffenhandel ist auf der ganzen Welt ein großes Problem. Es wäre gut, wenn diese Debatten sichtbarer geführt würden und man einen internationalen Konsens suchen würde, um weltweit Fortschritte bei der Einschränkung der Produktion, der Vermarktung und dem Besitz dieser Mordinstrumente zu erzielen.

Wenn von Frieden und Sicherheit auf globaler Ebene die Rede ist, fallen einem sofort die Vereinten Nationen (die UNO) und insbesondere deren Sicherheitsrat ein.

Der Krieg in der Ukraine hat einmal mehr die Notwendigkeit hervorgehoben, dass die multilaterale Gemeinschaft flexiblere und effizientere Wege der Konfliktlösung finden muss.

In Kriegszeiten ist es entscheidend zu betonen, dass wir mehr und besseren Multilateralismus brauchen.

Die UNO wurde auf einer Charta aufgebaut, die versucht, die Schrecken abzulehnen, die die Menschheit während der beiden Weltkriege des 20. Jahrhunderts erlebt hatte. Obwohl die Gefahr droht, dass diese Schrecken weiter fortbestehen, ist die heutige Welt nicht mehr dieselbe, daher ist es notwendig, diese Institutionen zu überdenken, damit sie auf die neue Realität reagieren können und ein Ergebnis eines breitestmöglichen Konsenses sind.

Genau diese Vorstellungen habe ich vor Jahren beim Besuch der Generalversammlung der UNO dargelegt, als ich davon sprach, dass »die Reform und die Anpassung an die Zeiten immer notwendig ist, indem man auf das letzte Ziel zugeht, ausnahmslos allen Ländern eine Beteiligung und einen realen und gerechten Einfluss auf die Entscheidungen zu gewähren«.[50]

Die Notwendigkeit solcher Reformen wurde während der Pandemie mehr als deutlich, als die Grenzen des aktuellen multilateralen Systems klarer wurden. Die Verteilung der Impfstoffe lieferte uns unmissverständliche Beispiele dafür, dass manchmal das Gesetz des Stärkeren schwerer wiegt als jede Solidarität.

Wir haben also eine Chance, die wir uns nicht entgehen lassen dürfen, um organische Reformen zu erdenken und durchzuführen, damit die internationalen Organisationen zu ihrer wesentlichen Berufung zurückkehren, der menschlichen Familie zu dienen, das Gemeinsame Haus zu schützen und das Leben aller Menschen sowie den Frieden zu bewahren.

Indem ich der Linie meines Vorgängers Johannes XXII. folgte, der der UNO in seiner Enzyklika *Pacem in Terris* einen Abschnitt widmete, wollte ich in meiner Enzyklika *Fratelli tutti* Bezug auf die Notwendigkeit einer Reform nehmen, »damit dem Konzept einer Familie der Nationen reale und konkrete Form gegeben werden kann«.[51]

Doch ich habe nicht die Absicht, die Organisationen anzugreifen, die definitiv nicht mehr – wenn auch nicht weniger – sind als ein Ort der Begegnung zwischen den Staaten, aus denen sie bestehen und die ihre Politik und ihre Aktivitäten bestimmen. Und darin liegt die Grundlage für die Delegitimierung und die Beschädigung der internationalen Organe: Die Staaten haben die Fähigkeit verloren, einander zuzuhören, um konsensfähige Entscheidungen für das universelle Gemeinwohl zu treffen. Jedes juristische Gerüst wird vergeblich sein, wenn es keinen Kompromiss zwischen den Gesprächspartnern gibt, eine aufrichtige und ehrliche Diskussion nicht möglich ist und kein Wille besteht, die unvermeidlichen Zugeständnisse zu akzeptieren, die aus dem Dialog zwischen den Teilnehmern hervorgehen. Wenn die Länder, aus denen sich diese Organisationen zusammensetzen, nicht den politischen Willen zeigen, sie funktionieren zu lassen, stehen wir vor einem echten Rückschritt.

Hingegen sehen wir, wie sie ihre Ideen oder Interessen oft vorzugsweise ohne Beratung einbringen. Und das Extrem dieses Verhaltens stellt der Krieg dar, doch auch im Vorfeld kommt es bereits zu schwerwiegenden Entscheidungen. Daher habe ich vor einer Art ideologischer Kolonisierung gewarnt, nicht nur durch die mächtigen Länder gegenüber den schwächeren, sondern sogar durch die Staaten, die über mehr Mittel verfügen, gegenüber einigen internationalen Gremien.

Bei meiner Reise nach Kasachstan im September 2022 habe ich in dieser Richtung geäußert, dass »die Notwendigkeit, das diplomatische Engagement zugunsten des Dialogs und der Begegnung zu erweitern, daher immer dringlicher [wird], denn das Problem des einen ist heute das Problem aller, und wer in der Welt mehr Macht hat, trägt eine größere Verantwortung gegenüber den anderen, insbesondere gegenüber den Ländern, die am stärksten durch eine Logik des Konflikts erschüttert werden«.[52]

Nur, wenn wir die Chance jetzt, nach der Pandemie nutzen, um diese Gremien neu zu bedenken, können wir Institutionen schaffen, mit denen wir uns den immer dringlicheren großen Herausforderungen stellen können, die vor uns liegen – etwa dem Klimawandel oder der friedlichen Nutzung der Atomenergie.

In diesem Sinne glaube ich, so wie ich seit *Laudato sí* davon spreche, eine »ganzheitliche Ökologie« zu fördern, dass die Debatte um die Restrukturierung internationaler Organe Hand in Hand mit dem Konzept einer »ganzheitlichen Sicherheit« gehen muss. Das heißt, nicht mehr nur beschränkt auf den Kanon des Rüstungswettlaufs und der militärischen Stärke, sondern dass es in einer Welt, die dermaßen miteinander vernetzt ist wie die gegenwärtige, unmöglich ist, beispielsweise ohne Berücksichtigung ökologischer, sanitärer, ökonomischer oder sozialer Gesichtspunkte eine echte Ernährungssicherheit zu gewährleisten. Und diese Hermeneutik muss die Grundlage jeder globalen Institution bilden, die wir umgestalten wollen, wobei wir immer an den Dialog appellieren, an die Vertrauensbildung zwischen den Ländern und den interkulturellen und multilateralen Respekt.

So ist es »an der Zeit, das Zuspitzen von Rivalitäten und das Verfestigen einander entgegengesetzter Blöcke zu vermeiden. Wir brauchen Führungspersönlichkeiten, die es den Völkern auf internationaler Ebene ermöglichen, einander zu verstehen und miteinander zu reden, und die einen neuen ›Geist von Helsinki‹ aufkommen lassen, den Willen, den Multilateralismus zu stärken, um mit Blick auf die kommenden Generationen eine stabilere und friedlichere Welt aufzubauen.«[53]

Angesichts dieses Zeitdrucks und mit dem Vorhaben, den Wahnsinn des Krieges zu verurteilen und einen neuen internationalen Rahmen für die Beziehungen zwischen Staaten zu ermuntern, dürfen wir allerdings das Damoklesschwert nicht vergessen, das in Form von Massenvernichtungsmitteln wie Nuklearwaffen über der Menschheit hängt.

Einen Punkt möchte ich nachdrücklich betonen. Was ihre Zerstörungskraft angeht, »hatte die Menschheit [nie] so viel Macht über sich selbst, und nichts kann garantieren, dass sie diese gut gebrauchen wird, vor allem wenn man bedenkt, in welcher Weise sie sich gerade jetzt ihrer bedient. Es genügt, an die Atombomben zu erinnern, die mitten im 20. Jahrhundert abgeworfen wurden, sowie an den großen technologischen Aufwand, den der Nationalsozialismus, der Kommunismus und andere totalitäre Regime zur Vernichtung von Millionen von Menschen betrieben haben – ohne hierbei zu vergessen, dass heute der Krieg über immer perfektere todbringende Mittel verfügt.«[54]

Angesichts dieses Szenarios fragen wir uns: Wer besitzt diese Waffen? Welche Kontrollen gibt es? Wie kann man der Logik Einhalt gebieten, die zur Abschreckung darauf spekuliert, Atomsprengköpfe zu horten?

Ich habe bereits angeschnitten, dass »wir uns nicht einbilden [dürfen], dass wir die Stabilität in der Welt durch die Angst vor der Vernichtung aufrechterhalten können; ein solches höchst instabiles Gleichgewicht steht am Rande des nuklearen Abgrunds und ist in den Mauern der Gleichgültigkeit eingeschlossen, wo man sozioökonomische Entscheidungen trifft, die dazu führen, dass Mensch und Schöpfung dramatisch herabgewürdigt werden, anstatt dass man einander behütet«.[55]

In diesem Zusammenhang mache ich mir die Verurteilung dieser Art von Waffen durch den Heiligen Paul VI. zu eigen, die nach über einem halben Jahrhundert nichts von ihrer Aktualität verloren hat: »Die Waffen, vor allem die schrecklichen Waffen, die die moderne Wissenschaft erschaffen hat, bringen, noch bevor sie Opfer und Zerstörung fordern, die Menschen um den Schlaf, fördern negative Gefühle, erzeugen Albträume, Misstrauen und betrübliche Entscheidungen, verschlingen enorme Kosten, lähmen Projekte, die der Solidarität und nutzbringender Arbeit dienen und verändern die Psychologie der Völker.«[56]

Wir sind nicht zwangsläufig zur Angst vor der atomaren Vernichtung verurteilt. Wir können Wege finden, um nicht in der Furcht vor einer unmittelbar bevorstehenden nuklearen Katastrophe zu leben, die von einigen Wenigen ausgelöst wird. Eine Welt ohne Atomwaffen zu schaffen, ist möglich, da wir den Willen und die Instrumente dazu besitzen; und notwendig angesichts der Bedrohung, die die Art von Waffen für das Überleben der Menschheit darstellen.

Der Besitz von Nuklear- und Atomwaffen ist unmoralisch. Wer glaubt, dass sie eine Abkürzung zum Dialog, zum Respekt und zum Vertrauen darstellen und den einzigen Weg, der wirklich ein friedliches und brüderliches Zusammenleben der Menschheit garantieren kann, ist auf dem falschen Weg. Heute ist es inakzeptabel und unbegreiflich, dass immer noch Ressourcen auf die Produktion solcher Waffen verwendet werden, während wir auf eine große Krise zugehen, die Folgen für die Gesundheit, die Ernährung und das Klima haben wird und für die wir nicht genug investieren können.

Als ich in Japan vor einigen Jahren den Ort besuchte, der durch den atomaren Wahnsinn verwundet wurde, erklärte ich: »Der Frieden und die internationale Stabilität sind unvereinbar mit jedwedem Versuch, sie auf der Angst gegenseitiger Zerstörung oder auf der Bedrohung einer gänzlichen Auslöschung aufzubauen.«[57] Die Existenz von Nuklear- und Atomwaffen gefährdet den Fortbestand des menschlichen Lebens auf der Erde. So umfasst jede Bitte im Namen Gottes, den Wahnsinn des Krieges zu stoppen, auch die inständige Bitte, diese Waffen auf dem Planeten auszurotten. Martin Luther King – mit seinen Rufen nach Frieden eine Quelle der Inspiration – hat das in seiner letzten Rede vor seiner Ermordung deutlich zum Ausdruck gebracht: »Es gibt (…) keine Wahl mehr zwischen Gewalt und Gewaltlosigkeit. Entweder Gewaltlosigkeit oder Nicht-Existenz.« Die Entscheidung liegt bei uns.

6

Im Namen Gottes bitte ich darum, Einwanderern und Geflüchteten die Türen zu öffnen

»Denn ich war hungrig und ihr habt mir zu essen gegeben; ich war durstig und ihr habt mir zu trinken gegeben; ich war fremd und obdachlos und ihr habt mich aufgenommen; ich war nackt und ihr habt mir Kleidung gegeben; ich war krank und ihr habt mich besucht; ich war im Gefängnis und ihr seid zu mir gekommen.« (Mt 25,35–36) Jesu Worte erinnern uns an die Tragödie, die Tausende von Schwestern und Brüdern täglich bei ihrem Versuch erleiden, bessere Lebensbedingungen für sich und ihre Familien zu suchen. Manchmal gilt die Suche nicht einmal einer besseren Zukunft, sondern überhaupt einer Zukunft, weil ein Verbleiben in ihrer Heimat den sicheren Tod bedeuten könnte.

Den Migranten und Flüchtlingen sage ich: Ich habe euch nie vergessen. Seit meiner ersten Reise als Erzbischof von Rom, die mich im Juli 2013 nach Lampedusa führte, trage ich euch im Herzen, und ihr seid ständig in meinen Gebeten und Handreichungen. Daher bitte ich im Namen Gottes darum, euch die Türen zu öffnen. Möge man euch aufnehmen, beschützen, integrieren und fördern. Möge man euch nicht diskriminieren. Mögen die Bedingungen dafür geschaffen werden, dass niemand die herzzerreißende Erfahrung durchmachen muss, sein Heimatland zu verlassen, weil er durch politische, ethnische, wirtschaftliche oder ökologische Konflikte daraus vertrieben wird.

Die Krise durch die Coronavirus-Pandemie hat die internationale Aufmerksamkeit von einer der größten humanitären Tragödien der Gegenwart abgelenkt.

Unsere Brüder und Schwestern, die in immer größerer Zahl fliehen und humanitäre Notlagen überstehen müssen, dürfen nicht unsichtbar gemacht werden. Es erscheint paradox, dass auf allen fünf Kontinenten immer mehr Menschen zu emigrieren versuchen, ihnen jedoch in den Medien und auf der Agenda der meisten Regierungen immer weniger Zeit und Raum gewidmet wird. Wir scheinen dieser Tragödie gegenüber gefühllos geworden zu sein. Dabei beschränken sich die Fluchtbewegungen heute, die alle Kontinente betreffen, gar nicht mehr auf einige spezielle Gebiete, sondern nehmen die Dimension einer dramatischen weltweiten Frage an. Abgesehen von Tausenden von Menschen, die zwischen Ländern flüchten, sehen wir Tag für Tag – und die Pandemie hat das noch verschlimmert –, die Zahl der Binnenflüchtlinge wachsen, die im Inneren ihrer eigenen Länder migrieren müssen.

Dies betrifft nicht nur Menschen, die auf der Suche nach einer würdigen Arbeit oder besseren Lebensbedingungen sind, sondern auch Männer und Frauen, alte Menschen und Kinder, die sich gezwungen sehen, ihre

Wohnstätten zu verlassen in der Hoffnung, ihr Leben zu retten und anderswo Frieden und Sicherheit zu finden.

Jesus wohnt in jedem Einzelnen, der zur Flucht gezwungen war, um sich zu retten; denken wir nur an ihn selbst in den Zeiten Herodes'. Und ihre Gesichter – denn sie sind Menschen, keine Zahlen oder Statistiken – rufen uns dazu auf, darin das Antlitz Christi zu erkennen, der uns hungrig, durstig, nackt, krank, fremd und eingekerkert um Hilfe anfleht. (Mt 25,31–46)

Im Namen Gottes bitte ich für sie. »Ihr sollt die Fremden lieben, denn Fremde wart ihr in Ägypten.« (Dtn 10,19) Sie sind unsere Brüder und Schwestern, die ein besseres Leben fern der Armut, des Hungers, der Ausbeutung und der ungerechten Ressourcenverteilung des Planeten suchen. Die immer stärker spürbare Umweltschädigung und der Krieg in der Ukraine haben im Lauf des Jahres 2022 noch besonders zu dieser Tragödie beigetragen.

Das Phänomen der Vertreibungen unter immer unmenschlicheren Bedingungen ist eine humanitäre Krise, die uns alle angeht. Es geht nicht nur um die Sorge um diese Menschen. Wie uns die Pandemie gelehrt hat, sitzen wir alle im selben Boot. Es existiert ein Wir, das uns zu Brüdern und Schwestern macht, und ich erinnere daran, was ich auf der Insel Lesbos gesagt habe, diesem modernen Symbol der Migration: »Auf dem Spiel steht die Zukunft aller, die nur dann harmonisch sein kann, wenn sie auf Integration beruht.«[58]

Wir müssen uns aus der Betäubung reißen, die uns die humanitären Tragödien, die durch die Migration entstanden sind, zwar beklagen lässt, uns jedoch lähmt, wenn es um konkrete Maßnahmen geht.

Ich möchte euch auffordern, diese vier Worte weiterzutragen: Aufnehmen, Beschützen, Fördern und Integrieren.

Vier Worte sind es, die uns zu einer geschwisterlichen und solidarischen Politik gegenüber den Migranten führen können und uns als Landkarte dienen, um in Beziehung zu allen Bewohnern aller Peripherien zu treten, die aufgenommen, beschützt, gefördert und integriert werden müssen.

Aufnahme bedeutet, die Tür zu öffnen, innerhalb der Möglichkeiten jedes Landes, und ehrlich zu kommunizieren, wie viele Personen es aufnehmen will. Dies bedeutet auch, den Vorgang zu erleichtern – der oft unter bürokratisch-wirtschaftlichen Hindernissen begraben ist –, damit Migranten und Geflüchtete sicher und legal in die Zielländer einreisen können. Aufnahme heißt, sein Herz zu öffnen.

Die Migranten bewegen sich von einer Stadt zur anderen, von einer Region in die andere, von einem Land ins nächste, durchqueren manchmal verschiedene Nationen, überschreiten Flüsse, erklettern Berge und wechseln ein-, zweimal den Kontinent. Daher ist die internationale Zusammenarbeit entscheidend für einen Aufnahmemechanismus, der den Menschen in den Mittelpunkt stellt.

Die Initiativen, die man in diese Richtung konkretisieren könnte, sind zahlreich. Schön wäre, wenn wir vielen Migranten und Flüchtenden die gleiche Reisefreiheit gewähren könnten wie den Gütern, mit denen wir handeln. Wie ist es möglich, dass sogar Waffen, die Instrumente von Tod und Zerstörung sind, mit weniger Einschränkungen von einem Land ins andere gelangen können als Familien – Frauen, Männer und Kinder, die von einer besseren Zukunft träumen?

Die globale politische Führung kann auf Instrumente zurückgreifen, um die Aufnahme zu verbessern, ohne in diskriminierende Kategorien zu verfallen, die Migranten erster und zweiter Klasse schaffen würden. Warum nicht Bemühungen und Engagement vereinen, um die Erteilung von Visa aus humanitären Gründen und zur Familienzusammenführung zu verstärken und zu vereinfachen? Welche Widerstände müssen wir noch ausräumen, damit die höchstentwickelten Länder eine Politik der Gastfreundschaft einführen, die uns Nationen wie der Libanon oder Bangladesch unter großen Anstrengungen vormachen?

Wenn die Welt die Gründe der erzwungenen und massiven Migration nicht abschafft, kann man die Entscheidung, die Quoten für die sichere und legale Einreise für diejenigen zu beschränken, die vor Kriegen und Armut fliehen, nur als heuchlerisch bezeichnen. Es ist notwendig, Massenvertreibungen zu stoppen und die Abschiebungen zu beenden, die das Leben von

Menschen in ernste Gefahr bringen. Und es ist notwendig, eine internationale Gesetzgebung zu schaffen, die in der Lage ist, angemessen auf diese Realitäten zu reagieren.

Würden die Menschenschmugglerringe nicht darauf bestehen, ihre Geschäfte auszuweiten – gelegentlich mit Wissen der Behörden, sogar denen der Zielländer –, würden viele Menschen sich nicht verlockt sehen, diese langen und gefährlichen Fluchtwege anzutreten.

Der Fremde hat uns viel zu bieten. Ihn aufzunehmen, bedeutet auch, ihm offen entgegenzutreten. Das bereichert die Umgebung, in der wir leben. Einem anderen entgegenzugehen, kann auch die eigene Biografie bereichern. Ich erinnere mich an eine Passage aus jenem Gedicht, das davon spricht »die Hand eines Unbekannten zu nehmen, an einem steinigen Tag voller Schmerz, und möge diese Hand die Festigkeit haben, die die Hand des Freundes nicht hatte«.[59]

Sobald der Migrant aufgenommen ist, wird er geschützt. Der Status als Migrant sollte ein zweitrangiges Thema sein, das hinter den persönlichen Umständen jedes Einzelnen unserer Brüder und Schwestern zurücksteht. Dieser Schutz beginnt an ihrem Ursprungsort und muss auch während ihrer ganzen Reise sowie am Ankunftsort garantiert sein. Ich bestehe einmal mehr auf der Notwendigkeit, ihnen eine angemessene konsularische Unterstützung zuzusichern, das Recht, ihre persönlichen Identitätsdokumente stets bei sich zu führen, einen gerechten Zugang zur Justiz sowie die Garantie auf Mittel am Existenzminimum.

Nach Aufnahme und Schutz – zwei Punkte, die für jede Regierung eine Grundregel sein sollten – muss man die Migranten anschließend fördern. Wenn ich darum bitte, ihnen die Türen zu öffnen, bitte ich auch darum, dass man ihre ganzheitliche Entwicklung im Blick hat und ihnen die Möglichkeit gewährt, sich als Personen in allen Dimensionen zu verwirklichen, die die von unserem Schöpfer gewollte Menschlichkeit umfasst.

Ich rede von Zugang zu Arbeit und Gesundheit, zu Bildung und Muße, zu Religion und natürlich einem Dach über dem Kopf. Es sind zwar unsere Brüder und Schwestern, die Migranten, die unter den konkreten Folgen leiden, wenn ihnen eines oder mehrere dieser Rechte fehlen, doch wenn man ihnen den Zugang dazu verwehrt, sagt das mehr über die Gesellschaft aus, die sie aufnimmt, als über die Ankömmlinge.

Dabei kommt mir ein Zitat aus der Apostelgeschichte in den Sinn: »Die Einheimischen erwiesen uns ungewöhnliche Menschenfreundlichkeit.« (Apg 28,2) Es bezieht sich auf den Empfang Paulus' auf Malta, das seit damals und bis heute ein Aufnahmeland ist, wie ich 2022 selbst erleben konnte. Unsere Herausforderung besteht darin, dass diese »ungewöhnliche Menschenfreundlichkeit« zur Norm wird. Lasst uns die ausgebreiteten Arme für unsere Brüder und Schwestern zu einem täglichen – mitmenschlichen – Ereignis machen.

Denn die Integration des Migranten, der zu uns kommt, das ist der Schlüssel. Denken wir daran, dass Integration keine Assimilation sein muss, die dazu führt, die eigene kulturelle Identität zu unterdrücken oder zu vergessen. Nein. Das Ideal der Integration trägt dazu bei, jeden Einzelnen besser kennenzulernen. Und auch darum appellieren wir an die Behörden, zu ihrer Integration beizutragen, sei es durch Erleichterungen beim Zugang zur Staatsbürgerschaft oder durch langfristige Aufenthaltsgenehmigungen zusammen mit Nichtregierungsorganisationen, Bewegungen, Organisationen und allen Menschen guten Willens. Interessant sind die in einigen Ländern diskutierten Pläne, jungen Menschen, die den Schulabschluss erreichen, das Recht auf Einbürgerung zu gewähren.

Zugleich, und genauso, wie der Aufnehmende dazu aufgerufen ist, ihre ganzheitliche menschliche Entwicklung zu fördern, wird der Aufgenommene darum gebeten, sich, was unerlässlich ist, auf die Normen des Aufnahmelands einzulassen sowie die Prinzipien von dessen Identität zu achten.

Es ist Zeit, dass wir eine Zukunft aufbauen, die durch Diversität und interkulturelle Beziehungen bereichert wird. In der Apostelgeschichte wird eine Passage erzählt, die mir wie das Ideal von Integration, Harmonie und Friede erscheint. »Parther, Meder und Elamiter, Bewohner von Mesopotamien, Judäa und Kappadokien, von Pontus und der Provinz Asien, von Phrygien und Pamphylien, von Ägypten und dem Gebiet Libyens nach Kyrene hin, auch die Römer, die sich hier aufhalten, Juden und Proselyten, Kreter und Araber – wir hören sie in unseren Sprachen Gottes große Taten verkünden.« (Apg 2,9–11) So beschreibt die Schrift die Einwohner von Jerusalem, die am Tag der »Taufe« der Kirche, zu Pfingsten, unmittelbar nach dem Herabkommen des Heiligen Geistes die Verkündigung der Erlösung hörten.

Die Politik hält die Instrumente in der Hand, um eine Kultur der Begegnung mit Migranten aufzubauen, die sich der Globalisierung der Gleichgültigkeit entgegenstellt, welche droht, sich gegen unseren Umgang miteinander durchzusetzen.

Aus jüngstem Anlass möchte ich die Einsatzbereitschaft hervorheben, die das Volk und die Regierung Polens gezeigt haben, um Tausende Menschen aufzunehmen, die wegen des Kriegs die Ukraine verlassen mussten – sogar häufig im eigenen Heim. Der Libanon, Malta und Griechenland sind andere Nationen, die mit offenen Herzen für die Migranten eintreten. Dennoch ist es von Bedeutung, es nicht allein den Ländern an vorderster Front zu überlassen, sich der aktuellen Notlage zu stellen. Mit Sorge verfolge ich die Konsequenzen, die eine durch den Krieg in der Ukraine verursachte Nahrungsmittelkrise haben könnte. Es ist entscheidend, einen offenen und respektvollen Dialog zwischen allen Ländern zu eröffnen, die – als Herkunfts-, Transit- oder

Aufnahmeland – in das Problem involviert sind, damit man mit großem Mut und Kreativität neue und nachhaltige Lösungen suchen kann.

Die Heilige Schrift ruft uns ins Gedächtnis: »Vergesst die Gastfreundschaft nicht; denn durch sie haben einige, ohne es zu ahnen, Engel beherbergt.« (Hebr 13,2) Heute gehört es auch zur Treue zum Evangelium, aufzunehmen, zu beschützen, zu fördern und zu integrieren. Welch ein Schmerz, dass Nationen und sogar ganze Regionen, die auf dem reichen Schatz der Einwanderung gründen, Mauern errichten! Es ist besorgniserregend, wie die entwickelten Länder immer häufiger nach Gelegenheiten suchen, ihre Grenzen auszulagern und die Entscheidungen an dieselben Länder abschieben, aus denen die Konflikte unsere Brüder und Schwestern vertreiben. Sie betreiben eine Ablehnung »mit Samthandschuhen«, obwohl ihnen jedes Leben auf dem Gewissen lasten sollte, das ein Bruder oder eine Schwester beim Durchqueren der Wüste, des Meeres oder eines gefährlichen Gebiets verliert.

»Einen Fremden sollst du nicht ausnützen oder ausbeuten, denn ihr selbst seid in Ägypten Fremde gewesen.« (Ex 22,20) Wie kann es sein, dass Nationen mit langer christlicher Tradition, die immer wieder von der Wahrung der Menschenrechte reden, den Blick abwenden und ignorieren, was in den Lagern geschieht, in denen die Migranten, die sie abgeschoben haben, untergebracht sind? Und das passiert nicht an abgelegenen

Orten, die Tausende Kilometer entfernt liegen. Es geschieht heute, an Küsten in unserer Nähe. Ich habe Filmaufnahmen einiger Zeugenaussagen gesehen; von Orten, an denen Menschen gefoltert und verkauft werden.

Wir erleben das Leid dieser Brüder und Schwestern und können angesichts dessen nicht schweigen.

Wenn wir uns in unserer eigenen Kultur verschanzen, ist das nicht nur kein Beitrag zur Integration unserer Brüder und Schwestern, sondern beraubt uns auch der Gelegenheit, an ihrem Erfahrungsschatz zu wachsen. Sie sind Menschen, keine Zahlen! Ein großer Autor aus meiner Heimat schrieb einmal: »Die Weltgeschichte ist die eines einzigen Menschen.«[60] Und ihre Geschichten versetzen uns in die Lage, sie und die Welt, die uns umgibt, besser zu verstehen. Doch wir werden niemals in der Lage sein, sie zu hören, wenn wir nicht den ersten Schritt tun, sie kennenzulernen.

Die Kehrseite dieses »Kennens, um zu verstehen«[61] ist die immer stärkere Gefahr, dass fremdenfeindliche Reaktionen gegenüber den Migranten und Flüchtlingen aufkommen und hier müssen wir sehr wachsam sein. Arbeiten wir beharrlich dafür, dass sich die diskriminierenden und fremdenfeindlichen Reaktionen auf die Aufnahme von Migranten in Ländern mit alter christlicher Tradition nicht verbreiten.

Diese Zurückweisung, der häufig diejenigen ausgesetzt sind, die aus ihrer Heimat fliehen, um eine bessere Zukunft zu suchen, läuft Gefahr, tiefe Wurzeln in den modernen Gesellschaften zu schlagen, und sie wird durch Taten oder durch Unterlassung seitens der Behörden oder in den sozialen Medien noch zusätzlich geschürt.

Ein weltweiter Kontext, in dem der Individualismus und die Wegwerfkultur täglich an Raum gewinnen, macht die modernen Gesellschaften zu einem fruchtbaren Nährboden für fremdenfeindliche und rassistische Diskurse. In der Wertekrise der Menschheit ist es beinahe systemisch, dass jedes Subjekt, das nicht den Regeln des physischen, mentalen und sozialen Wohlergehens entspricht, Gefahr läuft, an den Rand gedrängt und ausgegrenzt zu werden. Es ist nötig, unser Verhalten zu ändern: von Gleichgültigkeit und Angst zu einer ehrlichen Akzeptanz des anderen.

In diesem Sinne möchte ich mich auch an die Handelnden in den sozialen Medien wenden, denn sie spielen eine äußerst verantwortungsvolle Rolle gegenüber den Migranten. Ich fordere die Verantwortlichen auf, Stereotype in den sozialen Medien zu entlarven und korrekte Informationen zu liefern, wobei sie die Irrtümer mancher verurteilen, aber auch die Aufrichtigkeit, Rechtschaffenheit und innere Größe der Mehrheit anerkennen sollten. Es gibt viele Geschichten über Einwanderer, die sich in ihren Aufnahmeländern erfolgreich entwickeln, doch ihnen wird nie der gleiche Raum eingeräumt wie denen über Einwanderer, die irgendein Vergehen begangen haben.

Auch in meinem Heimatland besteht diese Fremdenfeindlichkeit gegenüber Migranten. Man redet von Kulturen zweiter Klasse, von denen »aus der Barbarei«, den »Kellerasseln«, den »Paraguayern«, den »Hinterwäldlern«. So entfernen wir uns von der Realität eines Volks, indem wir es mit Namen belegen und damit disqualifizieren und Distanz schaffen. Oder wir sehen Erscheinungen der »subtilen Fremdenfeindlichkeit«, bei der man versucht, Menschen ohne Papiere auszunutzen und sie über Ausbeutung am Arbeitsplatz zu unterwerfen. Und das geschieht ebenso in ländlichen wie in urbanen Gebieten.

Wie können wir Antikörper gegen diese kranken Diskurse von Hass und Fremdenfeindlichkeit schaffen?

Migranten und Flüchtlinge durchleben nicht nur alles mögliche Leid, bevor sie schließlich ein neues Leben beginnen, sondern tragen oft auch in ihren Zielstädten oder -ländern das Kreuz, Menschen zweiter Klasse und allen Arten von Gefahren ausgesetzt zu sein.

Denken wir zum Beispiel an die unbegleiteten Minderjährigen, die ohne den Schutz und die Gesellschaft ihrer Eltern den Schleusern ausgeliefert sind. Wir müssen ein breites Bewusstsein schaffen, damit sie nicht in die Netze der Ausbeutung geraten, in denen sie in die Prostitution geführt oder in der grausamen Pornografieindustrie gefangen, durch Kinderarbeit versklavt oder als Soldaten rekrutiert werden, oder in den Drogenhandel und andere Arten des Verbrechens verwickelt.

Leider befinden sich nicht nur Minderjährige in dieser Lage. Auch Erwachsene, die häufig dazu verurteilt sind, lange Zeit ohne Papiere zu verbringen, sind Missbrauch und Ausbeutung in der Arbeitswelt stärker ausgesetzt. Ihr Wunsch, sich zu integrieren, wird manchmal auf den ausschließlichen Zugang reduziert, lediglich Arbeitsplätze der niederen drei Dimensionen zu bekommen: gefährlich, schmutzig und erniedrigend. Zahlreiche Migranten und vulnerable Arbeitskräfte werden regelmäßig zusammen mit ihren Familien vom Zugang zu nationalen Programmen zur Gesundheitsförderung, Krankheitsprävention, Behandlung und Zuwendung ausgeschlossen, genau wie von Konzepten zum finanziellen Schutz und psychosozialen Diensten.

Die Pandemie, die in einem großen Teil der Welt beinahe beendet ist, hat diese Probleme noch verstärkt. Während der notwendigen Lockdowns, die zu Beginn der Notlage verhängt wurden, waren viele der essenziellen Arbeitnehmer Migranten, doch sie konnten nicht von den ökonomischen Hilfsprogrammen profitieren, mit denen auf Covid-19 reagiert wurde, noch hatten sie Zugang zu grundlegenden Hygienemaßnahmen oder Impfungen.

Wir müssen dringend die notwendigen Gespräche führen und würdige Auswege aus irregulären Situationen finden. Vergessen wir nicht, dass die Migrantenfamilie in unserer globalisierten Welt ein entscheidender Bestandteil der Gemeinschaften ist; doch werden in zu vielen Ländern den arbeitenden Migranten aufgrund rechtlicher Hindernisse die Wohltaten und die Stabilität des Familienlebens verweigert.

Im Vorfeld des Großen Jubeljahrs 2000 hatte der Heilige Johannes Paul II. die zunehmende Zahl von Vertriebenen zu den Folgen einer nicht enden wollenden Reihe von Kriegen, Konflikten, Völkermorden und ethnischen Säuberungen gezählt, die das 20. Jahrhundert gekennzeichnet hatten. Jetzt gehen wir auf das Heilige Jahr 2025 zu, und die traurige Realität ist, dass allein 2020 sagenhafte 40,5 Millionen Menschen innerhalb ihres eigenen Landes vertrieben wurden.[62]

Im neuen Jahrhundert hat ein noch tieferer Richtungswandel stattgefunden: Die bewaffneten Konflikte und andere Formen organisierter Gewalt führen weiterhin zur Vertreibung der Bevölkerung innerhalb und außerhalb ihrer Landesgrenzen. Tausende von Menschen fliehen unter Tränen vor Kriegen, Verfolgung und Menschenrechtsverletzungen oder vor politischer oder gesellschaftlicher Instabilität, die ihnen das Leben im eigenen Land oder der eigenen Region unmöglich macht. Daher bitte ich im Namen Gottes darum, Migranten und Geflüchteten die Türen zu öffnen.

7

Im Namen Gottes bitte ich darum, die gesellschaftliche Teilhabe von Frauen zu fördern und zu ermuntern

»Frauen der ganzen Welt, Christinnen oder Nichtgläubige, denen in diesem schwierigen Augenblick der Geschichte das Leben anvertraut ist, euch fällt es zu, den Frieden auf der Erde retten.«[63] Vor fast sechzig Jahren richtete der Heilige Paul VI. eine besondere Botschaft an die Frauen der ganzen Welt, mit der er die Grundlage für einen Aufruf der Kirche legte, ihre wesentliche Rolle in der Gesellschaft anzuerkennen. Und seitdem sind viele Fortschritte in diese Richtung gemacht worden, obwohl noch viel zu tun ist. Auch in der Kirche selbst versuchen wir, Prozesse in Gang zu setzen, um die wahre Teilhabe der Frauen anzuerkennen.

Haben wir vor Jahren die Frauen dazu aufgerufen, eine aktive Rolle in der Welt zu spielen, müssen wir diesen Appell heute leider um die Bitte erweitern, ihre Integrität zu achten. Und angesichts der Geißel der Gewalt, die viele Frauen erleben, müssen wir auch entschieden die Stimme erheben, damit die Femizide ein Ende nehmen, damit das Grauen des Frauenhandels beendet wird und eine öffentliche Politik eingeleitet wird, die dafür sorgt, dass berufliche Entwicklung und Mutterschaft im Leben jeder Frau nicht unvereinbar sind. Daher, und mit allen Frauen im Herzen, die ermordet wurden, nur weil sie Frauen waren, ist es wichtig, ihre Teilhabe an der Gesellschaft anzuerkennen und zu fördern. Ich bitte um ihr Leben, damit sie, wie alles menschliche Leben von der Empfängnis bis zum natürlichen Tod, geachtet und rechtschaffen behandelt werden.

Mit diversen Beispielen aus den letzten Jahrzehnten hat uns die Realität aufgezeigt, dass Frauen, wenn sie gesellschaftliche Funktionen ausüben, das System verändern können. Unterschiedliche Erfahrungen aus Bereichen wie Wirtschaft oder Politik haben in den Mittelpunkt gerückt, was Millionen von Frauen längst erkannt haben. Innovative Sichtweisen, vereint mit größerer gesellschaftlicher Sensibilität und stärkerer Empathie, haben zusammen mit einer fürsorglicheren Perspektive als Richtschnur bewiesen, dass ein größerer Anteil von Frauen in gesellschaftlichen Funktionen ein Zeichen der Hoffnung für die Zukunft darstellt.

Die durch das Coronavirus entstandene Krise, die andere jahrzehntealte Krisen verschärft und in den Vordergrund gerückt hat, an die wir gewöhnt zu sein schienen, hat gezeigt, dass die »Länder mit Frauen als Präsidentin oder Regierungschefin auf das Ganze gesehen besser und schneller reagiert [haben] als andere, es wurden schneller Entscheidungen getroffen und mit Einfühlungsvermögen kommuniziert«.[64]

Dieser Schritt nach vorn ist eine gute Nachricht. Jahrelang hat man den Frauen vermittelt, sie sollten sich öffentlich nur zu »Frauenthemen« bzw. solchen, die als »weiche Themen« betrachtet wurden, äußern; meist, wenn eine Frau im Fernsehen auftrat, dann um über Mutterschaft, Mode oder Events zu sprechen; und wenn Frauen an Kabinetten beteiligt waren, dann, um sich mit Themen wie Kindheit, soziale Hilfe oder Fragen der Chancengleichheit zu beschäftigen.

Daher kann es nur gut sein, dass Frauen an der Spitze der Unternehmensrankings auftauchen, auf den ersten Plätzen der Literatur-Bestsellerlisten oder als wahre Gurus der Weltwirtschaft. Außerdem werden die Länder immer weniger, die in den letzten Jahren keine Staatschefin oder zumindest Kandidatin für diesen Posten hatten, und auch die Parität in der Besetzung der Regierungen wird immer größer.

Ein weiteres Beispiel, auf das ich zurückgreife, um diese »weibliche Perspektive« zu illustrieren, die manchmal die männliche nicht nur bereichert, sondern verbessert, ist das aus den Gefängnissen. Von Frauen geführte Haftanstalten funktionieren besser als die von Männern geleiteten. Frauen haben ein besonderes Gespür und einen speziellen Takt, insbesondere im Hinblick darauf, jede Strafe unter dem Ziel der Resozialisierung zu sehen. Ich weiß nicht, ob vergleichende Statistiken darüber existieren, wie viele Häftlinge in von Frauen geleiteten Gefängnissen in die Resozialisierung eintreten und wie viele in von Männern geführten. Es wäre interessant. Doch ich berufe mich auf persönliche Erfahrung; Dinge, die ich beim Besuch von Gefängnissen erlebt habe. Wie die Frau stets versucht, eine gefangene Person zu verlegen, neu zu positionieren, ihr eine zweite Chance zu geben. Vielleicht rührt das aus der Mutterschaft, oder es ist einfach eine Sache von Empathie und Perspektive. Es ist eine Intuition, die zu vertiefen sich lohnt, um festzustellen, ob tatsächlich eine direkte Verbindung besteht.

Etwas anderes, was ich allgemein sehr an Frauen schätze, insbesondere wenn es um Entscheidungen geht, ist eine praktische und realistische Sicht, die Männern oft fehlt. Das habe ich so häufig als Erzbischof von Buenos Aires und als Papst erlebt: Ich pflege Ratschläge der Regierung oder der Verwaltung eher in Betracht zu ziehen, wenn sie von Frauen kommen. Das, was man »das weibliche Gemüt« nennt, besitzt auch ein Feingefühl, eine Sanftheit – und das ist ein weiterer Mehrwert in der wachsenden Beteiligung in den unterschiedlichen Bereichen der Gesellschaft. Hoffen wir, dass diese Beteiligung noch weiterwächst. Unsere Welt braucht mehr weibliche Führung, ihre Fähigkeiten, ihre Intuition und ihre Hingabe.

Diese Forderung nach der weiblichen Rolle in der Gesellschaft ist für die Kirche keine Neuentdeckung, ganz im Gegenteil. Denken wir an die Jungfrau Maria und die wesentliche Rolle, die sie in der Geschichte der Erlösung spielt.

Ich glaube, das Schlüsselkonzept, um die Diskussion über die Rolle der Frauen in der Kirche zu beginnen, besteht darin, nicht in den Irrtum zu verfallen, Rolle mit Amt zu verwechseln. Die Diskussion über die Stellung der Frauen darf sich nicht auf eine Funktion reduzieren, auf die Statistik ihres Anteils an Führungsrollen oder ihrer Anwesenheit in Machtpositionen.

Erstens übersteigt glücklicherweise die Rolle der Frau in der Kirche das, was der Vatikan oder die Struktur der römischen Kurie wiedergibt, obwohl ich jedenfalls versucht habe, Räume zu schaffen, um Frauen einzustellen, die ihren Posten dann effektiv ausfüllen können. Dies ist eine Entwicklung, die wir vorantreiben, doch es liegt noch ein Weg vor uns. Es kommt nicht darauf an, einfach eine Frau an die Spitze einer Dienststelle zu setzen. Es bedeutet einen kulturellen Kraftakt, die Frauen wertzuschätzen, zu achten und anzuerkennen, sobald sie ihre Funktion ausüben. Wir entstammen einer langen Tradition, in der wir es innerhalb der Mauern des Vatikans mit Misstrauen betrachtet haben, wenn Frauen höhere Stellungen in der Hierarchie eingenommen haben, und daher muss diese Öffnung von einem kulturellen Prozess begleitet werden, der sie zu etwas Dauerhaftem machen kann.

Der andere Streitpunkt über die Rolle der Frau in der Kirche bringt uns dazu, neu zu bedenken, was wir unter Kirche verstehen. Seit Jahrhunderten sind die Frauen stark am kirchlichen Leben beteiligt.

In ganzen sogenannten peripheren Regionen, und ich denke da beispielsweise an Amazonien, leben Frauen, die ganze kirchliche Gemeinschaften leiten und begleiten. Wie viele kirchliche Schulen auf der ganzen Welt werden von Frauen geführt? Das Gleiche gilt für Krankenhäuser, angefangen beim Bambino Gesù, dem Kinderkrankenhaus des Vatikans, dessen Direktorin einen großartigen Job leistet.

Genauso Teil der Kirche sind auch die indigenen Mütter oder die in den Armenvierteln Lateinamerikas oder anderer Breiten, die seit Jahren dafür zuständig sind, den Glauben weiterzugeben und zu hüten. Ich denke an die paraguayischen Frauen, die ihr Land aufgebaut haben und denen es gelungen ist, die Flamme des Evangeliums während des Blutbads des Tripel-Allianz-Kriegs Ende des 19. Jahrhunderts zu bewahren. Speziell in Lateinamerika stellt die Frau für die Kirche ein Reservoir dar, das sie ein ums andere Mal wieder auferstehen lässt.

Zugleich gab es »in der Tat (...) in ihrer Geschichte nie eine Zeit (...), in der der Glaube nicht in der Muttersprache, von Müttern und Großmüttern, weitergegeben wurde. Dagegen rührt ein Teil des schmerzlichen Erbes, mit dem wir konfrontiert sind, daher, dass die indigenen Großmütter daran gehindert wurden, den Glauben in ihrer eigenen Sprache und Kultur weiterzugeben.«[65]

Die Rolle der Frauen in der Kirche ist, genau wie in der gesamten Gesellschaft, grundlegend und unersetzlich. Sogar im Evangelium sehen wir sie als erste Zeuginnen der Auferstehung Christi. Schon bei meiner ersten Pressekonferenz als Papst 2013 habe ich erklärt, dass

»die Jungfrau Maria bedeutender ist als die Apostel, die Bischöfe, die Diakone und die Geistlichen«.⁶⁶

Diese Definition ist aktuell und fordert uns auf, uns zu fragen, wie wir uns der Lage gewachsen zeigen können, indem wir die Räume für eine deutlichere Präsenz der Frau in der Kirche erweitern, aber gleichzeitig die Versuchung vermeiden können, eine Frau zu exponieren, ohne sie zu integrieren oder ihren Stil, ihre Besonderheit zu achten.

Diese Sensibilität der Frau müssen wir schützen. Jede Form der Gewalt gegen sie ist inakzeptabel. Schläge und Morde, Frauenhandel und Missbrauch sind ebenso wie sexuelle oder Ausbeutung am Arbeitsplatz schwere Sünden, die in erster Linie einen Angriff auf die Würde der Frau darstellen, aber auch gegen die gesamte Gesellschaft; und folglich sind sie ebenfalls eine Verletzung des Leibs Christi. Diese Situationen extremer Gewalt, gegen die es kein »Aber« geben kann, existieren zudem neben anderen Praktiken, die wir uns noch nicht vollständig bewusst gemacht haben und deren gesellschaftliche Akzeptanz wir nicht mehr zulassen dürfen: die Hausangestellte, für die man keine Abgaben entrichtet; die Arbeiterin, die man zwingt, sich zwischen dem Muttersein und ihrer Weiterbeschäftigung zu entscheiden; die unterschiedliche Bezahlung für die gleiche Arbeit; das Fehlen von Bedingungen, die eine echte wirtschaftliche Gleichstellung schaffen können. Es ist notwendig, dass wir alle den felsenfesten Entschluss fassen, jeder

Form von Gewalt gegen Frauen eine Absage zu erteilen.

Die Wegwerfgesellschaft, in der wir leben und die durch Globalisierung und Gleichgültigkeit geprägt ist, hat die Misshandlungssituationen gegenüber Frauen vervielfacht. Eine Misshandlung, die zahlreiche Gesichter hat und sogar bis zum Mord reicht, aber auch eine Unzahl alltäglicher Situationen betrifft. Betrübt erinnere ich mich an meine Worte aus *Fratelli tutti*, wo ich sagte: »Entsprechend sind die Gesellschaften auf der ganzen Erde noch lange nicht so organisiert, dass sie klar widerspiegeln, dass die Frauen genau die gleiche Würde und die gleichen Rechte haben wie die Männer.«[67]

Wir erleben ein immer stärker werdendes Bewusstsein für die Rechte der Frau, das unerklärlicherweise von einer Zunahme der Gewalt gegen sie begleitet wird. Von den sogenannten Femiziden, die viele Gesetzgebungen inzwischen als eigenständiges Delikt definieren, bis zu Fällen von Gewalt aller Arten, die ohne Ansehen der sozialen Zugehörigkeit, der Rasse oder des Alters auf der Welt immer stärker um sich greifen.

Es ist unzumutbar, dass zu Beginn des 21. Jahrhunderts die Frau in vielen Bereichen immer noch als Bürgerin »zweiter Klasse« betrachtet wird. Es existiert eine kulturelle Wurzel, die dann zu extremeren Formen von Gewalt ausufert. Doch die Basis ist kultureller Art und grenzüberschreitend.

Laut Berichten aus jüngster Zeit werden auf der Welt täglich über hundert Frauen und Mädchen von einem Familienmitglied oder jemandem, dem sie nahestehen, getötet. In vielen Ländern der sogenannten Ersten Welt, sogar in Europa, wird ungefähr einmal pro Woche eine Frau ermordet. Der Femizid erreicht damit das Ausmaß einer lautlosen Pandemie.[68]

Doch ohne bis zum Extrem des Mordes zu gehen, der ultimativen Verunglimpfung des Lebens der Frau, erleben wir noch andere Formen der Gewalt. Oft werden Frauen beleidigt, geschlagen, vergewaltigt, zur Prostitution gezwungen.

Ein Beispiel ist der Frauenhandel, der die Frau zu einer Ware reduziert, um vermarktet zu werden, und der nicht nur eine der grausamsten Formen ist, in der sich die Wegwerfkultur, in der wir leben, ausdrückt, sondern außerdem ein Symptom der Macht des männlichen Geschlechts über das weibliche, manchmal in extremen Auswüchsen.

Der Frauenhandel ist eine Produktionskette des Todes. Es existiert eine ganze Fertigungslinie, in der sich diverse moderne Tragödien überlagern (Armut, Migrationsbewegungen, Sklaverei) und die in ihrem öffentlichsten Gesicht, der Prostitution, die Frauen und Mädchen zu bloßen Lustobjekten degradiert.

Denken wir an die Frauen, die vor Hunger oder Kriegen flüchten und Menschenhändlern in die Hand fallen. Oder die, die in Armenvierteln mit dem Versprechen einer besseren Zukunft und einer bezahlten Arbeit angelockt werden und denen man, sobald sie im Zielland ankommen, den Pass wegnimmt und sie zwingt, sich zu prostituieren. Sobald sie einmal auf der Straße leben oder unter sklavereiähnlichen Bedingungen – häufig unter Mitwissen der Sicherheitskräfte – werden diese jungen Frauen zur Arbeit gezwungen, und wenn sie kein Geld einbringen, geschlagen und allen Arten von Misshandlungen unterworfen.

Viele Frauen haben den Mut, gegen diese gleichsam systemische Gewalt aufzubegehren, die gegen sie ausgeübt wird. Doch auch wir Männer sind dazu aufgerufen, gegen jeden Akt der Diskriminierung gegen Frauen und Mädchen zu rebellieren. Das trifft auch auf die Männer zu, die Prostituierte aufsuchen, und ich nehme einen der Slogans der Frauen auf, die gegen dieses Elend kämpfen: »Ohne Kunden kein Frauenhandel.«

Frauen besitzen dieselbe Würde wie Männer, auf allen fünf Kontinenten und in jedem Land. Die internationale Gemeinschaft darf nicht länger passiv bei den dramatischen Folgen von Beziehungsmodellen zusehen, die auf Diskriminierung und Unterwerfung beruhen und durch die jedes Jahr Frauen und Mädchen Zwangsehen, häuslicher Sklaverei und anderen Angriffen gegen ihre Würde ausgesetzt sind. Eine andere weitverbreitete Tragödie ist die weibliche Genitalverstümmelung. Circa drei Millionen junger Mädchen erleiden jährlich diesen Eingriff, oft unter äußerst gesundheitsgefährdenden Bedingungen.⁶⁹ Diese in verschiedenen Regionen sehr verbreitete Praxis erniedrigt Frauen in ihrer Würde und stellt einen schweren Angriff auf ihre körperliche Integrität dar. Im Namen Gottes, stoppen wir diese und alle anderen Arten von Gewalt gegen Frauen.

Doch damit wir zu einer echten Gleichheit gelangen, reicht es nicht nur, der körperlichen Gewalt gegen Frauen Einhalt zu gebieten. Hier liegt noch ein langer Weg auf dem Gebiet der Rechte – insbesondere der wirtschaftlichen – vor uns.

In vielen unserer Gesellschaften zeichnet sich ein »demografischer Winter« ab, falls er in einigen nicht schon angekommen ist. Als einen der zahlreichen Gründe nennen Experten die vielen konkreten Hindernisse, mit denen sich Frauen konfrontiert sehen, wenn sie eine Familie gründen wollen, ohne auf ihr berufliches Vorankommen zu verzichten. Denn so enorm wichtig auch die Rolle der Frau in der Familie ist, besteht die Lösung nicht darin, »ihr die Flügel zu stutzen«, damit sie sich dann der Sorge für ihre Familie widmet. Der Staat sollte Mutterschutzregelungen und Anreize garantieren, damit das Austragen eines Kindes nicht gleichbedeutend mit dem Verlust eines Arbeitsplatzes oder Karrierenachteilen ist.

Es braucht Maßnahmen, um die Geburtenrate durch Anreize zu erhöhen, ohne dass Frauen »ihren Bauch verstecken«. Kinder sind die Hoffnung, die ein Volk neu erstarken lassen. Daher freut es mich zu sehen, dass einige Länder für jedes Kind, das geboren wird Projekte gesetzlich verankert haben, die einzigartig sind und universelle Unterstützung gewährleisten. Von anderen weiß ich, dass sie – immer mit dem Ziel der Förderung der Mutterschaft – Maßnahmen ergriffen haben, die bei der Berechnung von Renten die Jahre anerkennen, die die Frauen auf die Versorgung ihrer Kinder verwendet haben.

Diese Vorstellungen sind in der Position der Kirche nicht neu. Der Heilige Johannes Paul II. hat bereits 1981 erklärt: »In der Überzeugung, daß das Wohl der Familie einen unersetzlichen und unverzichtbaren Wert für das Zusammenleben der Bürger darstellt, müssen die staatlichen Autoritäten ihr möglichstes tun, um den Familien alle jene Hilfen auf wirtschaftlichem, sozialem, erzieherischem, politischem und kulturellem Gebiet zu sichern, die sie brauchen, um in menschenwürdiger Weise ihrer vollen Verantwortung nachkommen zu können.«[70]

Ich erinnere mich an ein Gedicht einer lateinamerikanischen Autorin, in dem sie die Vorstellung zum Ausdruck bringt, dass die Liebe, die eine Frau über ihre Familie ergießt, und die Sorge, die sie ihr widmet, ein mächtiges Gegenmittel gegen die Einsamkeit und andere Übel dieser Welt darstellt.

Die Nacht ist verlassen
Von den Bergen bis zum Meer.
Doch wenn ich dich wiege
Bin ich nicht einsam!

Der Himmel ist leer
Wenn der Mond im Meer versinkt.
Doch wenn ich dich umarme
Bin ich nicht einsam!

Die Welt ist trostlos
Und das freudlose Fleisch verblasst.
Doch wenn ich dich an mich drücke,
Bin ich nicht einsam![71]

Außerdem hat in den letzten Jahren die Pandemie offensichtlich gemacht, dass wirtschaftliche Krisen die Frauen weit stärker treffen, und daran erinnert, dass Hilfsprogramme für Mütter notwendig sind, die ihre Entwicklung ganzheitlich berücksichtigen. Wie ich sagte, »brauchen die Frauen dringend Hilfe beim Großziehen ihrer Kinder, und sie dürfen bei ihrem Verdienst und der Arbeit nicht diskriminiert werden oder ihre Beschäftigung verlieren, weil sie Frauen sind«.[72] Uns muss die Überzeugung leiten, dass sie, wenn wir diese positiven Bedingungen für sie schaffen können, entscheidend zum Wiederaufbau der Wirtschaft und der zukünftigen

Gesellschaften beitragen können, denn die Frauen machen die Welt schöner und sorgen für ein integrativeres Umfeld.

Selbst gegen all diese Widerstände haben die Frauen es fertiggebracht, die Geschichte voranzutreiben. Das ist nicht übertrieben. Angefangen mit alltäglichen Beispielen wie den Abertausenden Frauen, denen es sogar allein gelingt, ihre Kinder durchzubringen, bis zu denen, die für Millionen von Menschen auf der ganzen Welt eine Quelle der Inspiration waren und immer noch sind.

Frauen besitzen eine besondere Sensibilität für das Soziale; das Entscheidende ist eine Hingabe und Großmut, die wir bei den meisten Männern nicht finden. Mir gefällt ein dänischer Film gut, *Babettes Fest*, in dem die Handlungen der weiblichen Hauptperson eine wunderbare Metapher für Gemeinschaft und die Möglichkeit des Individuums sind, Veränderungen allein durch die Fähigkeit zur Liebe zu bewirken. Mir erscheint er wie ein Beispiel für diese Sensibilität der Frau, sich im Dienst am Gemeinwohl hinzugeben.

Diese Feinfühligkeit versetzt sie oft besser in die Lage, sich an die Spitze von Bewegungen zu setzen, die kämpfen und Forderungen stellen, insbesondere, um bei sogenannten gewaltfreien Protesten die Führung zu übernehmen, wie zum Beispiel Leymah Gbowee und Tausende liberianischer Frauen, die in den letzten Jahren mit Gebeten und gewaltfreiem Widerstand Verhandlungen auf höchster Ebene über die Beendigung des zweiten Bürgerkriegs in Liberia erreicht haben.

Das trifft auch auf Gottes Dienerin Dorothy Day zu, die im 20. Jahrhundert in den Vereinigten Staaten um soziale Gerechtigkeit kämpfte und sich die Sache der Unterdrückten zu eigen machte.

Day, die durch ihr Frausein oft von der großen Geschichte übergangen wurde, war die Gründerin der katholischen Arbeiterbewegung. Ihr sozialer Aktivismus, ihre Leidenschaft für Gerechtigkeit und die Anliegen der Unterdrückten bezogen ihre Inspiration aus dem Evangelium, ihrem Glauben und dem Vorbild der Heiligen.

Hier in Rom lebt eine Franziskanernonne, die ich sehr bewundere, Geneviève Jeanningros. Jeden Mittwoch kommt sie zur Audienz, ob bei Hitze oder Kälte, und leistet in den Außenbezirken der Stadt beeindruckende Arbeit unter Armen und Kranken. 2015 hatte ich Gelegenheit, sie aufzusuchen, und war beeindruckt von dem, was sie dort mit großer Anstrengung leistet; alles mit der Sensibilität einer Nonne. Vor Kurzem hat man mir von einer anderen lateinamerikanischen Frau erzählt, die, durch ihren Glauben und ihre Sensibilität motiviert, Taten leisten konnte, die ihr Land verändert haben: Die Honduranerin María Rosa Leggol half während ihrer siebzig Jahre als Franziskanernonne über 87.000 Kindern, der Armut und dem Missbrauch zu entrinnen. Heute sind viele dieser Kinder Anwälte,

Unternehmer, Ärzte ... Sie konnten eine Laufbahn einschlagen, weil ihnen in ihrer Kindheit diese Hand entgegengestreckt wurde. Was für eine Intuition zum Handeln, wenn und wie es richtig ist! Die Nonne starb während der Pandemie; sie war anscheinend ziemlich starrköpfig und flüchtete aus dem Krankenhaus, kaum, dass man sie für Covid-19-genesen erklärt hatte, um mit ihren Kindern zu arbeiten.

Wenn man die Frauen Revue passieren lässt, die in der »großen« Geschichte Hervorragendes geleistet haben, kann man die *Mütter und Großmütter der Plaza de Mayo* nicht übergehen. Zwei großartige Beispiele sowohl für die Gewaltlosigkeit als auch dafür, was Mutterliebe vollbringen kann. Daher versichere ich ihnen stets, dass sie auf mich zählen können und ich dazu da bin, ihnen zu helfen.

Eine Mutter, die durchgemacht hat, was diese Frauen erlebt haben, diesem Leid ist fast alles erlaubt. Es ist der Schmerz einer Mutter. Denken wir daran, dass diese Frauen etwas so Unmenschliches erlitten haben: das Verschwinden ihrer Kinder, ohne je ihre Leiche zu sehen oder zu wissen, wo sie begraben sind. Man hat ihnen ihre Kinder entrissen; eine extreme Erfahrung für eine Mutter. Und dennoch haben sie sich zusammengetan und große Fortschritte mit ihren Forderungen gemacht, immer auf friedliche Art. Wir müssen sie in ihrem Schmerz begleiten und ihn achten, sie bei der Hand nehmen und an ihrer Seite gehen.

Es ist wichtig, dass wir uns alle dafür engagieren, den Frauen Räume zu öffnen, wenn wir uns eine erfolgreiche und kreative Zukunft wünschen. Die Soziallehre der Kirche erkennt an, dass »die Tatsache, dass die Würde und Berufung der Frau in der Arbeitswelt nach wie vor in verletzender Weise diskriminiert werden, die Folge einer langen Reihe von Benachteiligungen der Frau [ist]«, die »in ihren Vorzügen entstellt, oft ausgegrenzt und sogar versklavt wurde«.[73]

Daher bitte ich im Namen Gottes darum, nicht nur mehr Teilhabe von Frauen an der Gesellschaft zu fördern und voranzubringen. Angesichts der vielen Situationen, in denen sie gedemütigt werden und die noch nicht überall auf der Welt überwunden sind, bitte ich auch darum, sie nicht länger zu töten und ihre Würde zu verletzen. Das ist auch eine Beleidigung Christi.

8

Im Namen Gottes bitte ich darum, das Wachstum der armen Länder zuzulassen und zu fördern

Während der Pandemie haben die zehn reichsten Menschen der Welt ihr Vermögen verdoppelt. Das wohlhabendste eine Prozent der Weltbevölkerung vereint 32 Prozent des Reichtums des gesamten Planeten auf sich. Währenddessen stellt sich die Konzentration des Einkommens auf globaler Ebene fast genauso dar wie zu Beginn des 20. Jahrhunderts, und die ärmste Hälfte der Welt erreicht laut den Daten von Oxfam und des World Inequality Reports 2022 zusammengenommen nicht einmal 2 Prozent des Reichtums. Die Reichen werden immer reicher und die Armen immer ärmer. Dieses System tötet, grenzt aus und konzentriert in ungerechter Weise. In diesem Zusammenhang ist es unabdingbar, von einer Wirtschaft, die das Geld als Gott in den Mittelpunkt stellt, zu einer zu gelangen, die den Menschen, seine Beziehungen und seine Würde berücksichtigt. Daher bitte ich im Namen Gottes darum, das Wachstum der armen Länder zuzulassen und zu fördern.

Die Diagnose der Spezialisten unterstützt uns dabei, jeden ideologischen Versuch zur Rechtfertigung dieser Ungleichheiten zu hinterfragen. Wir müssen »Nein zu einer Wirtschaft der Ausschließung und der Disparität der Einkommen«[74] sagen. Das Auslaufen der Pandemie ist eine Gelegenheit, die wir uns nicht entgehen lassen dürfen, was die Wirtschaft, die Welt und die Logik der Macht angeht, die einander überdecken; jetzt ist der Modus gekommen, uns alle als eine Familie zu betrachten.

Die Statistiken der letzten Jahre zeigen außerdem das Scheitern der Theorien des »Trickle-down-Effekts«, die behaupten, dass die Mehrheit ganz ruhig zusieht, wie der Becher derer, die am meisten besitzen, sich füllt und hoffen, dass ein paar Tropfen für die Unterprivilegiertesten abfallen. Doch die Becher der Macht sind übervoll, und diejenigen, die nach Würde und Gerechtigkeit dürsten, werden immer mehr. Währenddessen »[betäubt] uns die Kultur des Wohlstands«[75] und bringt eine Unkultur hervor, die der Zunahme der Ungleichheit passiv zusieht. Die gute Nachricht ist, dass wir das beenden können.

Dieses System ist krank, denn während die Welt nach Jahren und Jahren, in denen wir unser Gemeinsames Haus ohne Unterlass angreifen, immer reicher wird, werden die Armen immer mehr und immer ärmer. Hunderte von Millionen Menschen leben Tag für Tag unter Bedingungen extremer Armut: ohne Nahrung, ohne Unterkunft, ohne Gesundheit, ohne Strom. Das ist sehr viel »Ohne«, noch dazu in einer Welt ohne Gnade. Nur so kann man eine Welt beherrschen, in der laut Vorhersagen internationaler Organisationen jährlich sechs Millionen Kinder an den Folgen extremer Armut umkommen.⁷⁶

Der Tod von Schwestern und Brüdern durch die Armut ist vermeidbar. Wir sind nicht zu dieser ungerechten Verteilung eines Reichtums verdammt, zu der wir auf der anderen Seite alle beitragen.

Nachdem inzwischen viele Länder die Pandemie hinter sich lassen, spricht man von einer »neuen Normalität«. Doch wir können und dürfen nicht hinnehmen, dass diese skandalösen Statistiken normal bleiben. Die Erholung der globalen Wirtschaft darf nicht auf Kosten einer verarmten Mehrheit gehen, die wie immer verliert, damit eine immer reichere Minderheit profitiert wie nie zuvor. Das wirtschaftliche und soziale Modell, dem wir anhängen, ist ungerecht und unhaltbar.

Die Umgestaltung des wirtschaftlichen und sozialen Systems, in dem wir in den nächsten Jahren leben werden, dürfen wir nicht der – wie einige sagen: unsichtbaren – Hand des Marktes überlassen. Die Kongregation für die Glaubenslehre und das Dikasterium für den Dienst zugunsten der ganzheitlichen Entwicklung des Menschen haben in einem gemeinsamen Dokument erklärt, dass die »Themen im Bereich der Ökonomie und der Finanzwirtschaft heute mehr denn je im Fokus unseres Interesses [stehen]. Grund dafür ist der wachsende Einfluss, den die Märkte auf den materiellen Wohlstand eines großen Teils der Menschheit ausüben. Das macht einerseits eine entsprechende Regulierung ihrer Dynamiken erforderlich. Andererseits bedarf es einer klaren ethischen Grundlage, die dem erreichten Wohlstand jene Qualität an menschlichen Beziehungen gewährt, welche die wirtschaftlichen Mechanismen allein nicht hervorbringen können.«[77]

In dieser Welt, so reich an Möglichkeiten, sollte es eigentlich kein Problem sein, der Armut ein Ende zu bereiten. Was ist mit uns als Menschheit los, dass wir nicht jeden Tag mit dem Gedanken daran beginnen, wie wir die Schlusslichter der Gesellschaft einbeziehen, ernähren, heilen und kleiden sollen, statt sie auszuschließen? In dieser Welt ist es unsere Entscheidung, welchem System wir den Vorzug geben wollen: einem, das Ungerechtigkeiten verringert und versucht, sie abzuschaffen, oder einem, das sie rechtfertigt und verstärkt?

Ich habe dieses todbringende System bereits als Teil der Globalisierung der Gleichgültigkeit und der Wegwerfkultur bezeichnet. Der Heilige Johannes Paul II. sprach in seiner Enzyklika *Sollicitudo rei socialis* von »entarteten Mechanismen«, die unsere Welt bestimmen und deren Gründe nicht nur ökonomischer und politischer, sondern auch moralischer Natur sind. Für meinen Vorgänger handelte es sich um »Strukturen der Sünde«.[78]

Wenn wir von der Notwendigkeit einer neuen internationalen Finanzstruktur sprechen, dann, um genau diese Strukturen zu verändern. Der Bauplan, nach dem dieses System errichtet wurde, kann nicht das angemessenste Instrument sein, um aus dieser Lage herauszukommen. Diese Architektur muss großzügiger mit der Mutter Erde umgehen, aufmerksamer gegenüber der Entwicklung der lokalen Gemeinschaften sein und sich mehr Gedanken über die Subsidiarität in der Erziehung und Infrastruktur machen, insbesondere in den Regionen, die die internationale Gemeinschaft in den letzten Jahren nicht beachtet hat.

Wir sind alle verantwortlich dafür, Schluss mit den wirtschaftlichen Ungerechtigkeiten zu machen; zweifellos eine unterschiedliche Art von Verantwortung, doch die Ungerechtigkeit fordert uns alle. Ein felsenfestes Engagement der Regierungen und der multilateralen Kreditorgane ist notwendig; angefangen beim privaten Sektor, dem öffentlichen und allen Akteuren, aus denen die gesellschaftliche Struktur besteht.

Es gibt Situationen, die diese internationale Finanzarchitektur als legal betrachtet, die wir aber in vielen Fällen als unmoralisch einstufen können, nehmen wir nur die Wucherzinsen für Entwicklungsländer, die Klageindustrie und die Spekulation mit den sogenannten »Geierfonds«, den Schutz der mächtigsten multinationalen Konzerne, die über das Interesse der Nationen gestellt werden, oder die Mechanismen der Steuerflucht, der Steueroasen und Steuerparadiese, die große Auswirkungen auf die öffentlichen Finanzen haben.

Insbesondere vor diesem Hintergrund ist es notwendig, dass die internationalen Finanzgruppen und Kreditgeber den armen Ländern erlauben, ihrer Bevölkerung das Existenzminimum zu garantieren und diese Schulden erlassen, die so oft im Widerspruch zu den Interessen derselben Völker aufgenommen wurden. Es existiert eine gemeinsame Verantwortung dafür, die Entwicklung der verarmten Länder zu unterstützen und den stark verschuldeten Ländern den Schuldendienst zu erleichtern. Genauso existiert eine geteilte Verantwortung für viele der Schulden, die trotz der offensichtlichen Unfähigkeit der Regierungen, sie zu begleichen, oder der zweifelhaften Legitimität dieser Führungskräfte, die die Zukunft ihrer Länder auf Jahre hinaus verpfändeten, aufgenommen wurden. Für dieses Problem werden nicht etwa Lösungen gefunden, sondern es scheint immer größer zu werden, während allein die Zinsen für die Schulden Ressourcen verschlingen, die viele Länder in soziale oder Infrastruktur-Programme leiten könnten, um auf die Beine zu kommen. Schon 1991 wies der Heilige Johannes Paul II. auf den Ernst der Lage hin, als er sagte, man könne »nicht verlangen, daß die aufgelaufenen Schulden mit unzumutbaren Opfern bezahlt werden. In diesen Fällen ist es notwendig – wie es übrigens teilweise schon geschieht –, Formen der Erleichterung der Rückzahlung, der Stundung oder auch der Tilgung der Schulden zu finden, Formen, die mit dem Grundrecht der Völker auf Erhaltung und Fortschritt vereinbar sind.«[79]

Das bedeutet nicht, dass das Prinzip der Schuldentilgung nicht beachtet werden müsste, sondern, dass wir dafür kämpfen müssen, dass die Art der Schuldentilgung nicht die Existenz und das Wachstum der armen Länder gefährdet. Daher muss eine neue internationale Finanzarchitektur den Fokus auch auf den moralischen Aspekt der Schulden legen.

Eine humanistische Perspektive ist nötig, in deren Mittelpunkt die ganzheitliche menschliche Entwicklung steht. Alle Ausgaben der armen Länder, um ihre Schulden zu tilgen, können nicht nur als prozentualer Anteil des Bruttoinlandsprodukts betrachtet werden. Hinter diesen Ressourcen, die dem Schuldendienst zugeführt werden, stecken Schulen, die nicht gebaut werden, Krankenhäuser ohne Mittel und ein soziales Netz, das Schaden nimmt und Auswirkungen auf Menschen mit Namen und Vornamen hat. Dies zu erzwingen, erst recht, wenn es sich bei denjenigen, die die Zahlungen einfordern, um Investmentfonds handelt, die die Rechte an den Schulden durch Finanzspekulation erworben haben, ist eine moralisch beklagenswerte Praxis.

Besonderen Grund zur Sorge bilden die sogenannten *Offshore*-Unternehmen. Jedes Jahr landen Hunderte von Millionen Dollar, die als Steuern entrichtet werden sollten, um medizinische Behandlungen und Bildung zu finanzieren, auf Konten in Steueroasen, was die Chance einer würdigen und nachhaltigen Entwicklung aller gesellschaftlichen Akteure verhindert. Abgesehen davon, dass sie der realen Wirtschaft Ressourcen entziehen, laufen diese Mechanismen häufig auf die Geldwäsche unrechtmäßig erworbener Mittel hinaus. Die Kongregation für die Glaubenslehre und das Dikasterium für den Dienst zugunsten der ganzheitlichen Entwicklung des Menschen haben damals angemerkt, dass der »private Reichtum, den einige Auserlesene in den Steuerparadiesen angehäuft haben, fast die Höhe der Staatsschuld der jeweiligen Länder erreicht hat. Das zeigt auch, dass diese Verschuldung in der Tat oft von finanziellen Verlusten herrührt, die private Akteure geschaffen und dann auf den Staat abgeladen haben. Im Übrigen ist ja bekannt, dass namhafte Wirtschaftsakteure, oft unter Mitwissen der Politiker, fast schon gewohnheitsmäßig eine soziale Verteilung der Verluste praktizieren.«[80]

Es ist von entscheidender Bedeutung, das Wachstum der armen Länder zuzulassen und zu fördern. Das gegenwärtige Niveau der wechselseitigen Beziehungen der Welt macht eine Politik der vernünftigen und einverständlichen Reduzierung der öffentlichen Schulden nicht nur zu einer Lösung für die direkt betroffenen Staaten, sondern ist auch ein Heilmittel für das gesamte internationale Wirtschaftssystem, um die »Ansteckung« durch potenziell systemische Krisen zu verhindern, die einen notwendigen Konsens, um die Wirtschaft in den Dienst des Gemeinwohls der Völker insgesamt zu stellen, noch weiter verzögern würden.

Zugleich freut es mich, die Volksbewegung mitzuerleben, die einen tiefgreifenden Wandel fordert; nicht nur auf wirtschaftlicher Ebene, sondern mit einem neuen systemischen Fokus, um eine echte, ganzheitliche Entwicklung zu fördern. Ich meine die Movimientos Populares, diesen vielfältigen Zusammenschluss derer, die »nach Vorstadt, nach Volk, nach Kampf« riechen; Gruppen, Vereine, Arbeiter in überwiegend prekären und formlosen Arbeitsverhältnissen, Opfer der alltäglichen Ausgrenzung aus der Gesellschaft. Sie sind das lebendige Beispiel für den Keim einer anderen Zukunft; der Ansatzpunkt für eine echte gesellschaftliche Veränderung. Sie sind aufgetreten, um uns zu zeigen, dass es einen Weg zum Wandel gibt.

Und das tun sie, indem sie uns an die tiefen Wurzeln erinnern, die uns in der Soziallehre der Kirche vom Gemeinwohl und dem gleichen Zugang zu allen Gütern berichten. Gott hat gewollt, dass die Güter des Lebens für alle da sind. Daher müssen Land, Wohnung und Arbeit für alle zugänglich sein. Um es klar auszudrücken: Diese drei Grundrechte sind die unverzichtbaren Voraussetzungen dafür, dass die Demokratie nicht nur ein Konstrukt aus Gesetzesvorschriften ist.

Ich halte es für angebracht, kurz die drei Aspekte der Forderungen nach Land, Wohnung und Arbeit zu umreißen, die die Bewegungen erheben.

Land

Der gleiche Zugang zu den Gütern der Erde wurzelt grundlegend darin, dass »Gott die Erde dem ganzen Menschengeschlecht geschenkt [hat], ohne jemanden auszuschließen oder zu bevorzugen, auf dass sie alle seine Mitglieder ernähre«.[81] Gleichzeitig »[ruft] die Soziallehre der Kirche dazu auf, die soziale Funktion jeglicher Form von Privatbesitz anzuerkennen, und bezieht sich dabei unmissverständlich auf die unumgänglichen Forderungen des Gemeinwohls«[82].

In den Movimientos Populares existieren Stimmen, die Formen des gemeinschaftlichen Landbesitzes fordern, die sich, gemäß dem Erbe einiger indigener Gemeinschaften, von einem nachhaltigen und harmonischen Gebrauch der Ressourcen von Mutter Erde ableiten. Der Zusammenschluss zu Modellen kleiner Produzenten, die in vielen Ländern die primäre Nahrungsmittelquelle darstellen, ist eine Erfahrung, die gehütet und angeregt werden muss, insofern sie die Böden gesund erhält und auf Biodiversität setzt, weit entfernt von den Monokulturen vieler Großanbauflächen.

So müssen wir über neue Erleichterungen für den Zugang zu Land durch die kleinen Produzenten diskutieren, die in Familienbetrieben oder kleinen Gemeinschaften organisiert sind, die, wenn sie nicht geschützt werden, der Vertreibung von ihrem Land durch den Großgrundbesitz ausgesetzt sind. Dieses Modell wird manchmal von der Forderung nach einer Landreform begleitet, um einige dieser Probleme zu lösen. Schon meine Vorgänger haben insofern Stellung bezogen, dass eine Reform, die das Recht auf Land für alle sichert, »dazu bestimmt ist, eine enorm wichtige Rolle bei der Abschaffung des Hungers und der Armut in den ländlichen Gebieten der Welt zu spielen«.[83]

In *Gaudium et spes* haben die Konzilsväter bereits geäußert, dass »in manchen wirtschaftlich weniger entwickelten Ländern großer, ja riesengroßer Landbesitz [besteht], der nur schwach genutzt oder gar in spekulativer Absicht völlig ungenützt liegen gelassen wird, während die Mehrheit der Bevölkerung entweder überhaupt keinen Boden besitzt oder nur äußerst geringe landwirtschaftliche Nutzflächen in Bestellung hat, während auf der anderen Seite die Steigerung der landwirtschaftlichen Erträge unverkennbar dringlich ist«.[84]

Wohnung

In meiner Enzyklika *Fratelli tutti* habe ich daran erinnert, dass der Heilige Johannes Chrysostomus erklärte: »Den Armen nicht einen Teil seiner Güter zu geben, bedeutet, von den Armen zu stehlen, es bedeutet, sie ihres Lebens zu berauben; und was wir besitzen, gehört nicht uns, sondern ihnen.«[85] Das ist eine Versicherung, die in die gleiche Richtung geht wie die Idee des Heiligen

Papstes Gregor I.: »Wenn wir den Armen etwas geben, geben wir nicht etwas von uns, sondern wir geben ihnen zurück, was ihnen gehört.«[86]

Heute erleben wir ein Paradox, das zeigt, wie weit es mit diesem kranken System gekommen ist, angesichts dessen die Movimientos Populares erwachen. Immer mehr Menschen leben zusammengepfercht in den großen Städten, während in den urbanen Zentren unserer Länder immer mehr Wohnungen leer stehen. Ein italienisch-kubanischer Autor hat das sehr zutreffend beschrieben: »Die Krise der zu groß gewordenen Stadt ist das andere Gesicht der Krise der Natur.«[87]

Das Fehlen einer ganzheitlichen Wohnungspolitik, die die Notwendigkeit eines würdigen Dachs über dem Kopf als Recht und nicht als das Ergebnis des Immobilienmarkts betrachtet, ist ein Übel, das in diversen Ländern verbreitet ist. So sehen wir, wie Luxuswohnungen existieren, deren Ausstattung fast vollständig automatisiert ist, in unmittelbarer Nachbarschaft großer Ansammlungen prekärer Unterkünfte ohne Zugang zu Grundversorgung wie Kanalisation, Wasser und Strom.

Diese und andere Problematiken führen zu Sorgen wie der, dass es für junge Menschen auf der ganzen Welt immer unmöglicher wird, sich ein eigenes Haus zu leisten.

Daher habe ich mit Interesse einige Vorschläge gesehen, leer stehende Wohnungen zu besteuern, ebenso wie große unproduktive Landflächen. Da »die christliche Überlieferung das Recht auf privates Eigentum nie als absolut und unantastbar verstanden [hat]«[88], wenn es um die soziale Funktion des Eigentums geht, verdienen auch andere Initiativen lokaler Regierungen Beachtung.

Arbeit

Ein weiterer Punkt, zu dem ich einige bereits angesprochene Ideen vertiefen will, ist die Arbeit – das »große Thema« der Gegenwart.[89] Jede Idee zur Humanisierung dieses Systems, die danach strebt, den Menschen in den Mittelpunkt zu stellen, muss darauf basieren, diversifizierte Quellen von Arbeit zu schaffen. Dies ist eine der großen Herausforderungen der Gegenwart, in der sich die Verantwortung von Regierungen, Unternehmern, Gewerkschaften und Volksbewegungen begegnen.

Die erste schwere Wirtschaftskrise des 21. Jahrhunderts hatte schlimme Folgen in vielen Industrieländern, darunter einigen in Europa, in denen inzwischen fast die Hälfte der jungen Menschen keine Arbeit hat. Im Rest der Welt haben sich angesichts der scheinbaren Unmöglichkeit, Millionen von Menschen in den Arbeitsmarkt zu integrieren, die davon ausgeschlossen waren, Hilfsprogramme für Arbeitslose verbreitet.

Die Arbeit ist eines der Hauptinstrumentarien, um dem Menschen Würde zu verleihen. Sicherlich, es gibt außerordentliche Umstände – und die Pandemie gehörte dazu –, in denen das Volk besondere Hilfen braucht, insbesondere in den ungeschütztesten Bereichen. Doch die sozialen Hilfsprogramme müssen immer als Übergangslösung und nicht als ständige Einrichtung verstanden werden. Die Politik des Assistenzialismus kann nur das sein – eine Politik und keine Lebensweise. Denn die Wohlfahrt, so viel ist klar, stellt eine Hilfe dar, um Zugang zu Lebensmitteln und anderen Gütern zu gewähren; doch nur die Arbeit garantiert Würde.

Wie schaffen wir es, dass die Politik sich auf das große Ziel konzentriert, sicherzustellen, dass jeder Mensch die Möglichkeit hat, mit seinen Fähigkeiten und seiner Arbeit einen Beitrag zu leisten? Auf der anderen Seite müssen wir diese Diskussionen führen, während die Automatisierung und die Künstliche Intelligenz zu einer Bedrohung für die stabile Beschäftigung von Millionen Menschen auf der ganzen Welt werden können.

Zudem existieren eine große Menge von Aufgaben, die für die Menschen, die sie verrichten – oft Frauen –, unbezahlte Arbeit darstellen, zum Beispiel die Begleitung eines Familienmitglieds, die Versorgung von Kindern oder bestimmte Ehrenämter. Daher habe ich mich dafür ausgesprochen, über ein allgemeines Grundeinkommen nachzudenken, das zum Teil eine Vergütung für diese Aufgaben darstellt. Ein solches Instrumentarium würde auch dazu beitragen, keinen Anreiz mehr für die Hungerlöhne zu bieten, die in manchen Industrien gezahlt werden, die, wohl wissend um die hohen

Erwerbslosenraten in einigen Ländern, den Arbeiter als Wegwerfobjekt betrachten: »Wenn du nicht für dieses Geld schuftest, sind tausend andere gern dazu bereit.«

In derselben Richtung habe ich schon über die Verkürzung des Arbeitstags oder der Wochenarbeitszeit gesprochen. In verschiedenen Ländern hat man Pilotprojekte durchgeführt, um mit einer 4-Tage-Arbeitswoche zu experimentieren. Vielleicht eine Initiative, die dazu beitragen kann, die verfügbaren Arbeitsstunden zu verteilen, eine größere Solidarität unter den Arbeitenden zu schaffen und das Heer der Arbeitslosen zu reduzieren, deren sich viele bedienen, um die Löhne, die sie bieten, zu senken.

Abgesehen vom Zugang zu Land, Wohnung und Arbeit können wir den Blick nicht länger von den erheblichen Ungerechtigkeiten abwenden, die auf globaler Ebene bei der Verteilung von Nahrungsmitteln existieren. Wir leben in einer reichen Welt, in der wir – ebenso wie wir nicht zur Armut verdammt sind – nicht zur Wohnungslosigkeit, zu einem unwürdigen Niedriglohn oder Besitzlosigkeit verurteilt zu sein brauchen und uns auch nicht damit abfinden müssen, dass unsere Brüder und Schwestern sterben, weil sie keine ausreichende Menge an gesunden Lebensmitteln zu sich nehmen.

Der Planet produziert genug Nahrungsmittel für elf Milliarden Menschen, und die aktuelle Weltbevölkerung erreicht gerade acht Milliarden. Trotzdem ist laut der 2022er Ausgabe des Berichts *Weltweiter Stand der Lebensmittelsicherheit und der Ernährung (SOFI)*, der gemeinsam von vier Agenturen der Vereinten Nationen erarbeitet wird (FAO, PMA, FIDA und Unicef), die Zahl der Hungernden auf der Welt gestiegen und erreichte 2021 die Zahl von 828 Millionen, was einen Anstieg um 46 Millionen seit 2020 und um 150 Millionen seit dem Ausbruch der Corona-Pandemie bedeutet. Diese Lage demonstriert auf skandalöse Weise, dass die Welt sich von ihrem Ziel entfernt, den Hunger, die Nahrungsmittelunsicherheit und die Unterernährung in all ihren Formen zwischen heute und 2030 abzuschaffen.

Es ist in höchstem Maße grausam zu sehen, dass wir zwar über genug Nahrungsmittel verfügen, aber nicht alle Zugang dazu haben, oder dass es Regionen auf der Welt gibt, in denen Lebensmittel verschwendet, weggeworfen und im Übermaß konsumiert werden, oder Lebensmittel anderen Zwecken als der menschlichen Ernährung zugeführt werden.

Welche Instrumentarien können wir vorantreiben, um der gesamten Menschheit einen sicheren und ungehinderten Zugang zu Nahrungsmitteln zu garantieren? Wie denken wir über die globale Lebensmittelsicherheit, auch angesichts eines Krieges wie dem, der in der Ukraine begonnen wurde und durch den in seinen ersten Wochen die Preise für viele Rohstoffe in die Höhe geschnellt sind?

Man geht davon aus, dass ein Drittel aller produzierten Nahrungsmittel vergeudet werden. Oft durch schlechte Verteilung und in anderen Fällen, weil sich ästhetische Kriterien durchgesetzt haben, die die Erzeugnisse der Erde vernichten, weil ihnen bestimmte äußere Erscheinungsmerkmale fehlen. So kann es nicht weitergehen. Ein Lebensmittel wegzuwerfen, ist, als stehle man es vom Tisch des Armen.

Der Hunger ist weiterhin eine der schwersten Geißeln unserer Welt, und jedes Jahr sterben durch ihn Millionen von Kindern. Laut der Unicef leiden auf der Erde 162 Millionen Kindern an chronischer Unterernährung sowie Fehlernährung, was Auswirkungen auf ihre kognitive Entwicklung hat oder unter anderem zu Diabetes und Krankheiten des Herz-Kreislauf-Systems führt. Wir müssen jetzt handeln. Wir sind dabei, eine Pandemie zu überwinden, doch uns erwarten noch weitere. In einem Gedicht einer Autorin aus den USA heißt es: »Hoffnung ist ein Ding mit Federn / Es lässt sich in der Seele nieder / und singt wortlos Melodien / und es verstummt niemals wieder.«[90] Wir müssen unsere Hoffnung auf ein Anliegen setzen, das die ganze Menschheit vereint: Der Kampf gegen den Hunger, der lautlos und tödlich ist, sollte uns zu rastlosem Tun motivieren.

Die Art unserer Beziehung zum Geld ist nicht mehr haltbar. Geld muss ein Diener sein, kein Herrscher. Es muss ein Mittel und kein Selbstzweck sein. Wir müssen der Kultur der Anhäufung und der Vergeudung ein Ende bereiten und globale Systeme der Solidarität schaffen, die es erlauben, allen Bewohnern des Planeten Erde Land, Wohnung, Arbeit und Nahrungsmittel zu sichern. Daher bitte ich im Namen Gottes für die armen Länder und für alle Abgeschobenen und Ausgeschlossenen der Welt.

9

Im Namen Gottes bitte ich darum, einen universellen Zugang zur Gesundheitsversorgung zu schaffen

Die Corona-Pandemie hat eine Krise von globalem Ausmaß offensichtlich gemacht, die uns auffordert, uns zu fragen, wie wir sie überwinden wollen. Die Verbreitung von Covid-19 über die ganze Welt hat ein ungerechtes System entlarvt, das schon zuvor alle möglichen Ungerechtigkeiten hervorgebracht hatte, und zwar auf einem Niveau, das für das Wohlergehen des Großteils der Bevölkerung unerträglich ist.

Die Pandemie hat unsere bereits bestehende Verwundbarkeit noch sichtbarer gemacht und dazu beigetragen, die gesellschaftliche und ökologische Lage, die schon zuvor das Geflecht der Menschlichkeit beeinträchtigte, zu verschlimmern. Daher bitte ich im Namen Gottes darum, diese Gelegenheit zu nutzen, um die Gesundheitsfürsorge auf konkrete Art allgemein zugänglich zu machen und die ganzheitliche menschliche Entwicklung in den Mittelpunkt dieser globalen gesundheitlichen Anstrengung zu stellen. Insbesondere bitte ich darum, dass man den Schwächsten wie Kindern und alten Menschen besondere Aufmerksamkeit schenkt und dass man die Würde des Lebens in all seinen Phasen achtet.

Dank der Technologie und der Zusammenarbeit zwischen diversen Akteuren war es möglich, Impfstoffe zu erzeugen, die ein schnelleres Überwinden der Pandemie ermöglichten, zumindest in den Ländern, die schnell Zugang zu ihnen erhielten. Eine Ungerechtigkeit, die wir nicht übersehen dürfen und die in vielen Fällen sogar auf globaler Ebene noch verschärft wurde und offensichtlich gemacht hat, dass es immer die Ärmsten und Schwächsten sind, die die Last der »Krisen [...], die eng miteinander zusammenhängen, wie die Klima-, Ernährungs-, Wirtschafts- und Migrationskrisen« auf den Schultern tragen.[91]

Die Verteilung der Vakzine und der Fortschritt der Impfkampagnen in verschiedenen Ländern zeigen ein Muster von Ungleichheit, das im Gesundheitsbereich schon vor dem Auftreten der Pandemie herrschte.

Die Impfquoten in den entwickelten Ländern, in denen viele der Labors beheimatet waren, erreichten rasch den größten Teil ihrer erwachsenen Bevölkerung. So konnten diese Länder schnell die Kosten der sozioökonomischen Lähmung abmildern und dann die Prozesse der Reaktivierung beginnen, durch die sie bereits davor stehen, die Kennzahlen aus der Zeit vor der Pandemie zu erreichen und sogar zu übertreffen.

Die weniger entwickelten Länder dagegen erlebten, dass die weltweite Verteilung der Impfstoffe dieselben Strukturen widerspiegelte, die jahrelang ihre Entwicklung behindert hatten. Abgesehen von einigen Ausnahmen blieben sie ihrem Schicksal überlassen, während die Impfstoffe wie eine weitere Ware behandelt wurden – weit entfernt von der Dosis an Empathie, Solidarität und Brüderlichkeit, die eine weltweite Gesundheitskrise erfordert hätte.

Die Pandemie hatte noch kaum begonnen, als ich vom Petersplatz aus verkündete, dass »niemand sich allein rettet«.[92] Über zwei Jahre nach diesem Gebet erinnert das Auftreten aufeinanderfolgender Varianten des Coronavirus daran, dass die ganze menschliche Familie im selben Boot sitzt, das in der stürmischen See der Pandemie schwimmt. Nur mit Lösungen, die die aktuelle Krise auf planetarer Ebene mit einer Option für die Armen angeht, können wir uns vorstellen, in einen sicheren Hafen einzulaufen.

Ich will die verschiedenen Regierungskampagnen hervorheben, denen es trotz der Verbreitung von Fake News über die Wirksamkeit der Mittel und trotz der Bewegungen von Leugnern, die anscheinend übernational organisiert waren, gelungen ist, in ihrer Bevölkerung hohe Impfraten zu erreichen. Gleichzeitig ist noch ein weiter Weg zurückzulegen, damit der Ursprung der Impfstoffe kein Grund mehr für Streit, Vorurteile oder Ablehnung ist, zumal hier geopolitische Überlegungen oft schwerer wiegen als wissenschaftliche und gesundheitliche.

Die Impfstoffe gegen das Coronavirus sollten als Gemeingut der Menschheit betrachtet werden, das den

Weg zu einer echten Universalisierung des Zugangs zum Gesundheitswesen bereitet. Die Pandemie hat die Wechselwirkungen innerhalb der ganzen menschlichen Familie gezeigt, weswegen nur ein allgemeiner Zugang zur Behandlung dieser und anderer Krankheiten eine globale Lösung garantieren kann.

In diesem Rahmen weiß ich die verschiedenen Initiativen zu schätzen, die in letzter Zeit versucht haben, neue Formen der Solidarität auf internationaler Ebene zu schaffen, nämlich mit Mechanismen, um eine gerechte Verteilung der Impfstoffe zu garantieren; nicht nur nach rein wirtschaftlichen Kriterien, sondern unter Berücksichtigung der Bedürfnisse aller, besonders der Verwundbarsten und Bedürftigsten. Möge diese Art von Aktion als Grundlage für ähnliche Initiativen auch für andere Medikamente dienen, insbesondere für solche gegen seltenere Krankheiten und spezielle Behandlungen für Kinder, die für sie als Patienten oft unzugänglich sind.

Bei verschiedenen Gelegenheiten habe ich die Impfung als »Akt der Liebe« gegenüber dem Nächsten bezeichnet, eine geschwisterliche Umarmung unserer Mitmenschen auf dem Weg zum Ende der Pandemie.[93]

Die Ablehnung der Impfung, die teilweise zu Recht aufgrund aller möglichen gesundheitlichen Beeinträchtigungen geschah, birgt das Risiko, zu einer egoistischen und empathielosen Haltung gegenüber vieler Menschen zu werden, für die die wirtschaftliche und gesellschaftliche Lähmung durch die Restriktionen, die viele Regierungen verhängt hatten, ein Schlag war, von dem sie sich immer noch nicht erholt haben.

Wie bei anderen Krisen bestand die große Mehrheit derer, die ohne Einkommen dastanden und zusätzlich Probleme mit dem Zugang zu einer würdigen Arbeit hatten – oder zumindest zu staatlichen Hilfsprogrammen – aus den Schwächsten und Ungeschütztesten; Arbeitslosen und Arbeitern in prekären oder informellen Beschäftigungsverhältnissen. Viele davon waren zudem Frauen, denen die Pandemie einmal mehr die unerträgliche Chancenungleichheit gegenüber den Männern aufgezeigt hat. In anderen Fällen hat die Notsituation durch die Pandemie sie zusätzlich zur leichten Beute für Menschenhandel und Ausbeutung gemacht.

Die Pandemie hat die Gefahr erhöht, wie Narziss zu werden, der Mensch aus der antiken Mythologie, der sich selbst liebt und das Wohl der anderen ignoriert. Doch unterdessen verbreitet sich ein spirituelles und sehr ansteckendes Virus, das uns dazu verdammt, zu Männern und Frauen im Spiegel zu werden, die nichts außer sich selbst sehen. Wir sind alle verantwortlich dafür, auf uns selbst und unsere Gesundheit zu achten, was sich auch im Respekt für die Gesundheit dessen ausdrückt, der in unserer Nähe ist. Jeder von uns muss die Gesundheit als Allgemeingut schützen; das ist eine eindeutige moralische Verpflichtung. Verfallen wir nicht dem Sirenengesang der Kultur des Wohlergehens, die uns dazu bringt, an uns selbst zu denken und uns unempfindlich gegenüber dem Aufschrei der anderen macht – der erste Schritt zur Globalisierung der Gleichgültigkeit.

Ich möchte auch gern das Bild der Impfung als Kompass gebrauchen, der uns zum Ziel führt, die Pandemie hinter uns zu lassen, während die ganze menschliche Familie in einem Boot sitzt und versucht, dem Sturm zu entrinnen, durch den sie seit über zwei Jahren navigiert. In diesem Sinne erinnere ich an die Gestalt Abrahams, der in einem Moment der Niedergeschlagenheit nicht etwa um das Kind flehte, das ihm verheißen war, aber ausblieb, sondern Gott bat, ihm durch die Wartezeit zu helfen (Gen 15,2–6). Diese Passage zeigt uns etwas Schönes: das Gebet, um Hoffnung zu schöpfen, denn die Hoffnung trügt nie. Es ist an uns, sie dann in ein konkretes Engagement umzusetzen.

Daher ersuche ich, zusammen mit der Bitte im Namen Gottes, um den universellen Zugang zur Gesundheitsversorgung, darum, dass wir die Bande der Geschwisterlichkeit und Solidarität mit unserem Nächsten aufrechterhalten. Über zwei Jahre lang hat das Virus uns daran erinnert, dass die beste Art, uns selbst zu schützen, ist, zu lernen, die Menschen an unserer Seite zu behüten und zu beschützen: »mit dem Bewusstsein für unser Viertel, Bewusstsein für das Volk, für die Region und für das Gemeinsame Haus«.[94]

Es ist auch an der Zeit, den Wissenschaftlern Achtung zu zollen, die so viele Monate lang die richtige Zusammensetzung wirksamer Impfungen studiert haben, aber vor allem denen, die während der kritischsten Phase an unserer Seite waren: Ärzten und Ärztinnen, Krankenschwestern und Pflegern, Freiwilligen und vielen anderen Menschen, die im Schatten stehen, fern der Prime Time und der Schlagzeilen der Tageszeitungen. Danke für eure tägliche aufopferungsvolle Hingabe.

Nachdem nun die Mehrheit der Länder den schlimmsten Teil der Pandemie hinter sich gelassen hat und ein Großteil der Einschränkungen aufgehoben ist, ist es da nicht an der Zeit, in Ruhe und mit Blick auf die Zukunft die Frage nach den Patenten für Medikamente zu stellen?

Bis zum Auftreten der nächsten gesundheitlichen Notlage, die für viele Wissenschaftler und Experten ein mittelfristig denkbares Szenario ist, sollte unsere Debatte über die zwingende Notwendigkeit abgeschlossen sein, Medikamente unmittelbar, universell und einheitlich zugänglich zu machen und zu verhindern, dass die Logik des Marktes oder die Interessen der Pharmavertreiber darüber bestimmen, wessen Leben unter den Bewohnern des Planeten gerettet werden.

Sonst hätten wir wenig gelernt aus den würdelosen Ungleichheiten beim Zugang zu den Impfstoffen gegen das Coronavirus, die für die Benachteiligten der Welt wie eine Strafe waren. Abgesehen von den vielen Leben, die gerettet worden wären, ist auch nicht gering zu schätzen, dass ein schneller Zugang zu den Impfstoffen vielen Ländern eine raschere wirtschaftliche Erholung ermöglicht und es ihnen in der Folge erlaubt hätte, den von der Pandemie Gebeutelten Hilfe zu leisten. Zwischen den Experten besteht Konsens darüber, dass für viele nicht entwickelte Länder die ökonomische Erholung Jahre dauern wird.

Vor über fünf Jahren erklärte ich: »Wenn es ein Gebiet gibt, auf dem die Wegwerfkultur deutlich ihre schmerzhaften Folgen zeigt, dann ist es der Gesundheitssektor.«[95] Heute zeigen die Zahlen, dass diese Situation sich nur noch verschlechtert hat, und daher erinnere ich bei der Wiederaufnahme meiner Bitte daran, dass »das Verhandlungsmodell im Gesundheitssektor, wenn es wahllos übernommen wird, Gefahr läuft, übrig gebliebene Menschen zu erzeugen, statt die verfügbaren Ressourcen zu optimieren«.[96] Hier will ich an einen der bedeutendsten Ärzte aus meinem Land erinnern, dessen Geburtstag sich 2023 zum hundertsten Mal jährt und der schon Ende des 20. Jahrhunderts erklärte: »Es ist unabdingbar, die internationale Zusammenarbeit zwischen den entwickelten und den in Entwicklung befindlichen Ländern zu organisieren und alle gemeinsam für eine bessere Gesellschaft zu kämpfen, in der größere Gleichheit und soziale Gerechtigkeit herrschen, was es ermöglichen würde – zusammen mit den anderen gesellschaftlichen Errungenschaften – das unveräußerliche

Recht des Menschen, sich guter Gesundheit zu erfreuen, zu achten und zu verteidigen.«[97]

Die Pandemie hat uns eine Chance verschafft, ein für allemal damit zu beginnen, die Gesundheit als Menschheitsthema zu betrachten und nicht die Scheuklappen aufzusetzen, mit denen man sie bloß auf ein weiteres Objekt reduziert, mit dem man Handel treiben kann. In *Der Mann, der Donnerstag war*, diesem Roman, der eine perfekte Metapher für die Pilgerfahrt des Menschen auf der Erde bis zur schlussendlichen Begegnung mit Gott ist, räumt G.K. Chesterton eine Realität ein: »Die poetischste Sache, poetischer als alle Blumen und poetischer als alle Sterne, die poetischste Sache von der Welt ist: ... nicht krank sein.«[98] Die Coronavirus-Pandemie hat der Welt gezeigt, in welchem Maße »nicht krank zu sein das Poetischste auf der Welt ist«, und wie ein gleichberechtigter Zugang zu grundlegenden Behandlungen und Medikamenten dazu beitragen kann.

Auf jeden Fall dürfen wir nicht vergessen, dass das Recht auf Gesundheitsschutz eng mit anderen komplexen wirtschaftlichen, sozialen, kulturellen Faktoren und Entscheidungsfindungen verbunden ist. Ich komme noch einmal auf eine Notwendigkeit zurück, die ich in meinem apostolischen Schreiben *Evangelii gaudium* angesprochen habe: »Die Notwendigkeit, die strukturellen Ursachen der Armut zu beheben, kann nicht warten, nicht nur wegen eines pragmatischen Erfordernisses, Ergebnisse zu erzielen und die Gesellschaft zu ordnen, sondern um sie von einer Krankheit zu heilen, die sie anfällig und unwürdig werden lässt und sie nur in neue Krisen führen kann.«[99]

Mit demselben Nachdruck, mit dem ich einen weltweiten gleichberechtigteren Zugang zur Gesundheitsfürsorge gefordert habe, bitte ich auch um der Art willen, in der unsere Gesundheitswesen die Verwundbarsten behandeln.

In den letzten Jahren haben in einigen Ländern Tendenzen an Fahrt aufgenommen, die versuchen, eine Sichtweise salonfähig zu machen, die Menschen mit genetischen, schweren, seltenen und unheilbaren Krankheiten ausschließt.

Und so bitte ich im Namen Gottes um den Schutz und die Fürsorge für das Leben in all seinen Phasen. Es gibt ein empfangenes menschlichen Leben, eins während der Schwangerschaft, eines, das zur Welt kommt, ein Leben als Kind, in der Jugend, als Erwachsener, ein Leben im Alter, das aufgezehrt ist, und dann das ewige Leben. Es ist einfach menschliches Leben, auch wenn es krank und schwach ist, verletzt, gekränkt, mutlos, ausgegrenzt, weggeworfen. Wir sind aufgerufen, unser christliches Engagement zu seinem Schutz zu erneuern.

Der Tod kann, wie ich bei vielen Gelegenheiten erklärt habe, nicht als Recht betrachtet werden, das der Patient im Einvernehmen mit Ärzten oder Krankenhauseinrichtungen, die die Lehren des sogenannten »gerechten Todes« propagieren, in Anspruch nehmen kann. Das Auftauchen von Plänen zu einer unterschiedlich ausgeprägten Liberalisierung der Sterbehilfe in vielen Ländern geht Hand in Hand mit einer Sichtweise, die sich weigert, das menschliche Leben als das größte Geschenk, das Gott uns gemacht hat, anzuerkennen.

Die Richtschnur muss immer sein, den Patienten zu begleiten, und zwar mit einem Urteilsvermögen, das uns im ethischen Kriterium des Lebensschutzes verankert. Ist es vielleicht nicht notwendig, jedes Mal mehr und als Gegenpol zur Wegwerfkultur, das Thema von der palliativen Pflege her anzugehen? Dieser Schwerpunkt wird nie an Gültigkeit verlieren, da er den Wert des Lebens hochhält.

Ich wiederhole noch einmal, was ich 2022 zu Jahresbeginn sagte, als ich hervorhob, wie viel Hilfe man aufseiten der Medizin zu leisten versucht, damit durch die sogenannte palliative Pflege jeder, der sich anschickt, den letzten Teil seines Lebenswegs anzutreten, dies mit so viel Würde wie möglich tun kann.

Ich räume allerdings ein, dass wir wachsam sein müssen, um diese Hilfe nicht mit inakzeptablen Abweichungen zu verwechseln, die zum Tod führen. Wir müssen die Sterbenden begleiten, dürfen aber den Tod nicht verursachen oder bei irgendeiner Form des Selbstmords mitwirken. Das Leben ist geachtet, behütet und geschützt von der Empfängnis bis zu seinem Ende, wobei das Recht auf Pflege den Schwächsten vorbehalten ist, insbesondere den Alten und Kranken, die auf keinen Fall abgeschoben werden dürfen.

Es ist wichtig, den Unterschied zwischen dem »Annehmen« des Todes und seinem »Verabreichen« hervorzuheben. Dieses ethische Prinzip gilt für uns alle. Es existiert ein gesellschaftliches Problem, das sich in verschiedenen Ländern auszubreiten droht und bei dem man den Tod alter Menschen beschleunigen und planen will. Oder eine ähnliche Form: die Gabe von weniger Medikamenten als notwendig, damit die Ärzte nicht die Verantwortung übernehmen zu brauchen. »Das bedeutet nicht, ihnen zu helfen, sondern es bedeutet, sie früher in den Tod zu treiben. Und das ist weder menschlich noch christlich.«[100]

Die Unterstützung der palliativen Pflege stellt keine Reaktion auf die Bewegungen dar, die den Tod auf Verlangen anpreisen. Tatsächlich basiert sie auf den Lehren Jesu im Gleichnis vom Guten Samariter, in dem er uns erklärt, dass die Pflege auf Mitgefühl basiert und nicht gleichbedeutend mit Strafe oder Abscheu ist, sondern mehr; sie ist eine Bereitschaft, sich auf das Problem einzulassen, sich in den anderen hineinzuversetzen und die einzige Art, ihm den Schmerz der Einsamkeit und der Angst zu nehmen.

Viele dieser Vorschläge werden zudem von Plänen zur Legalisierung der Abtreibung begleitet, die unter dem Deckmantel der angeblichen persönlichen Freiheit darauf abzielen, weiterhin die schwächsten Mitglieder

der menschlichen Familie auszuschließen: die ungeborenen Kinder, die Alten und Kranken oder Menschen mit unheilbaren Krankheiten. Ein Gesundheitswesen ist für alle da, wenn es jeden Einzelnen in den Mittelpunkt stellt. Ein Kriterium, um zu einem Urteil darüber zu kommen, ob ein Gesundheitswesen allgemein zugänglich ist, liegt in der Behandlung, die es denjenigen zuteilwerden lässt, die grundsätzlich nichts zurückzugeben haben wie ungeborene Kinder oder (todgeweihte) Alte.

Diese Debatten sind außerdem von den technischen Fortschritten in jüngster Zeit durchdrungen, die mit der Bioethik kollidieren und uns zwingen, ausführlich und detailliert darüber nachzudenken, wie die Menschheit diese neuen Szenarien steuern will. Ich wiederhole noch einmal die Bitte, beim Einsatz dieser biotechnischen Behandlungen immer von der Achtung vor der menschlichen Würde auszugehen.

Ich rege damit eine globale Sicht der Bioethik mit starken Wurzeln in der Sozialethik und im Humanismus an. Eine Annäherung an diese Themen setzt einen bioethischen Blick voraus, der sich daran erinnert, dass diese Disziplin entstand, um durch kritische Bemühungen die Gründe und Bedingungen, die nötig sind, um die Würde des Menschen zu wahren, mit der Entwicklung der biologischen und medizinischen Wissenschaft und Technik zu konfrontieren, nun aber mit ihrer beschleunigten Entwicklung Gefahr laufen, jeden Bezug zu verlieren, der nichts mit Nutzen oder Profit zu tun hat.

Wir brauchen christliche Antworten auf die immer komplexeren Herausforderungen der Bioethik. Wir müssen sie untersuchen und auf sie reagieren, und zwar so weit wie möglich von Positionen entfernt, die uns dazu bringen, sie entweder »unter den Teppich zu kehren« oder »ihnen blind Beifall zu zollen«.

Diese immer schärferen Herausforderungen, insbesondere in einem vom Relativismus und der Wegwerfkultur geprägten Kontext, erfordern stets Demut, Realismus und die Pflege einer Kultur der Begegnung. Man darf die Konfrontation zwischen unterschiedlichen Positionen nicht fürchten. Vielmehr ist der ertragreichste Weg, auf einen konstruktiven Dialog zu setzen, der zu einem Reifungsprozess des bürgerlichen Bewusstseins beiträgt.

Jedenfalls möchte ich einmal mehr klarstellen, dass diese Vorstöße nicht das Ziel haben, den technischen Fortschritt zu bremsen. Nein, wir müssen ihn begleiten. Es geht darum, »sowohl die Würde des Menschen als auch den Fortschritt zu schützen«, da »beide zusammengehören und harmonieren«, wie ich in meinen Gebetsabsichten im März 2022 erklärt habe.

Ich erinnere mich daran, dass ich in meiner Enzyklika *Laudato si'* die Annäherung des Philosophen Romano Guardini an das Problem aufgegriffen habe, dass »der moderne Mensch nicht zum richtigen Gebrauch der Macht erzogen wird«, da »das enorme technologische Wachstum nicht mit einer Entwicklung des Menschen in Verantwortlichkeit, Werten und Gewissen einher[ging].«[101]

Daher ist es wichtig zu bekräftigen, dass »jede Zeit dazu [neigt], eine dürftige Selbsterkenntnis in Bezug auf die eigenen Grenzen zu entwickeln. Aus diesem Grund ist es möglich, dass die Menschheit heute nicht den Ernst der Herausforderungen, die sich ihr stellen, wahrnimmt. ›Die Möglichkeit, der Mensch werde die Macht falsch gebrauchen, [wächst] beständig‹, wenn ›keine Freiheitsnormen, sondern nur angebliche Notwendigkeiten des Nutzens und der Sicherheit bestehen.‹«[102]

All diese Überlegungen, die ich bezüglich der Gesundheit und des Lebens darlege, wären unvollständig, wenn ich nicht besonders bei den alten Menschen innehalten würde. Für sie ist, wie wir gesehen haben, die Gefahr, beiseitegeschoben zu werden, noch viel stärker; und das angesichts des Paradoxons, dass sie durch die höhere Lebenserwartung in den meisten Ländern noch nie so zahlreich waren wie heute.

Die ältesten christlichen Wurzeln (und nicht nur die) veranschaulichen uns, dass man die Alten wie einen Schatz der Menschheit hüten muss, da sie unsere Weisheit sind und uns immer etwas Neues zu lehren, zu zeigen, zu bieten haben.

Es ist wichtig, dass wir den Mut zu einer stärkeren Teilhabe der Alten am gesellschaftlichen Leben fassen. Ich habe bereits das Paradox angesprochen, dass für Menschen, die ins Alter eintreten, in der Regel, wenn sie

Glück haben, »Betreuungspläne, aber keine Lebensprojekte«[103] existieren. Eine Universalisierung des Zugangs zur Gesundheitsversorgung muss auch eine Sichtweise umfassen, die sich dagegen wendet, den alten Menschen als Wegwerfartikel zu betrachten.

Denn die alten Menschen sind nicht nur in sich selbst von Bedeutung, als lebendiges Gedächtnis der Gesellschaft. Nein. Die Alten haben eine Rolle in der Übermittlung ihrer Weisheit an die Jungen. In diesem wechselseitigen Austausch verbirgt sich ein großer Teil des Reichtums, nach dem eine reife Gesellschaft streben kann, die lernt, die unterschiedlichen Phasen und Rhythmen des Lebens zu achten als das beste Gegenmittel gegen die Hektik des Unmittelbaren. Dieser Dialog muss dazu dienen, dass die Alten ihre Träume einbringen und die Jungen sie annehmen, um sie weiterzuführen.

Vergessen wir nicht, dass in der Kultur sowohl der Familie als auch der Gesellschaft die Alten wie die Wurzeln eines Baumes sind: Sie bewahren ihre ganze Geschichte darin, und die Jungen sind wie die Blüten und die Früchte. Ein Dichter aus meinem Land, Francisco Luis Bernárdez, schrieb, dass »das, was der Baum an Blüten trägt, von dem lebt, was in der Erde verborgen liegt«.[104] Wenn wir diese Kraft, die aus den Wurzeln kommt, nicht lebendig erhalten, gibt es keine Blüten. Und auch das bedeutet es, um einen gleichberechtigteren Zugang zum Gesundheitswesen zu bitten. Und das tue ich, im Namen Gottes.

10

Im Namen Gottes bitte ich darum, in Seinem Namen keine Kriege zu schüren

Vor über fünfzig Jahren verfassten die Konzilsväter, die am Zweiten Vatikanischen Konzil teilnahmen, die Erklärung *Nostra Aetate*, in der sie unter einer Reihe von Definitionen bezüglich der Beziehung der Kirche zu den nichtchristlichen Religionen verkündeten, die universale Brüderlichkeit schließe jede Diskriminierung aus.[105]

Diese Maxime ist heute gültiger denn je, innerhalb und außerhalb des Christentums. Die Probleme einer Welt, in der die Gleichgültigkeit globalisiert wird und man inmitten eines stückweise stattfindenden Dritten Weltkriegs in einer Wegwerfkultur lebt, verlangen danach, dass die gesamte Menschheit ihre Bande der Solidarität und Geschwisterlichkeit erneuert. Dieser Ruf muss uns Gläubige aller Religionen mobilisieren, damit wir uns im Gebet und in der Tat zusammenschließen, um unserer unverzichtbaren Sehnsucht nach Frieden und dem festen Engagement dafür Gestalt zu verleihen, für das universelle Gemeinwohl, die ganzheitliche menschliche Entwicklung und die Förderung einer Kultur der Begegnung tätig zu werden. Ob Gläubige oder Nichtgläubige, Christen und Nichtchristen, Katholiken und Nichtkatholiken, wir gehören alle derselben Familie der Menschheit an. Die Förderung der Brüderlichkeit ist nichts Neues; schon die Heilige Schrift erzählt uns, wie Gott Noah aufforderte, angesichts der unmittelbaren Gefahr der Vernichtung der Menschheit mit seiner Familie an Bord der Arche zu gehen. Heute ist die Gefahr nicht geringer. Kriege, eine Pandemie sowie eine Wirtschafts- und Umweltkrise rufen uns inmitten anderer stürmischer Meere der Welt auf, gemeinsam auf das Schiff der Brüderlichkeit zu steigen, das unser Mittel ist, um uns den großen Herausforderungen, die vor uns liegen, zu stellen. Ohne zu übertreiben, könnte ich sogar behaupten, dass die Brüderlichkeit unser Träger ist, wenn wir eine Zukunft haben wollen.

Daher erneuere ich meine Einladung, dass wir mit allen Religionen vereint den Weg zum Aufbau einer Welt gehen, die auf Solidarität und dem täglichen Erleben einer Kultur der Begegnung basiert, die auf gegenseitigem Kennenlernen und respektvollem Dialog gründet. Dazu ist es wichtig, dass wir uns alle in der einmütigen Verurteilung jedes Versuchs einig sind, den Namen des Allmächtigen zu gebrauchen, um irgendwelche Gewalt oder Aggression zu rechtfertigen. Werden wir zu Künstlern des Friedens, Revolutionären der Zärtlichkeit und Pfeilern von Liebe und Barmherzigkeit.

Ich komme noch einmal auf das zurück, worauf ich bei einer meiner Reisen in ein Land aufmerksam gemacht habe, in dem die Mehrheit der Bürger Muslime sind. Dort erklärte ich, dass »der Individualismus der Feind der Brüderlichkeit ist, der sich in dem Wunsch ausdrückt, sich selbst und die eigenen Leute über andere zu stellen«.[106]

Was uns daran erinnert, dass »wahre Religiosität [darin besteht], Gott von ganzem Herzen zu lieben und den Nächsten wie sich selbst. Religiöses Verhalten muss daher ständig von der immer wiederkehrenden Versuchung gereinigt werden, andere für Feinde und Gegner zu halten. Jedes Glaubensbekenntnis ist aufgerufen, die Kluft zwischen Freund und Feind zu überwinden, um die Perspektive des Himmels einzunehmen, welche alle Menschen ohne Bevorzugung und Diskriminierung umfasst.«[107]

Eine echte Brüderlichkeit gründet auf der Kultur der Begegnung. Das bedeutet, sich respektvoll »ins tiefe Wasser zu stürzen« und aus den Unterschieden einen Weg zu erschaffen, um uns gegenseitig zu bereichern und keine Ausrede, um uns voneinander zu entfernen.

Dieses Hinausrudern auf ein Meer der Begegnung und des Dialogs mit dem anderen braucht nicht zu heißen, dass wir uns seiner Kultur assimilieren oder umgekehrt. Eine echte Geschwisterlichkeit nimmt die Form eines vielflächigen Körpers an, an dem jede Facette mit den anderen in Beziehung tritt, ohne ihre Identität zu verlieren, und alle gemeinsam eine neue, bereicherte Form bilden. Übertragen wir dieses Modell doch auf unsere Kulturen und Gesellschaften.

Die Geschwisterlichkeit ist weder der kürzeste noch der einfachste Weg. Doch sie kann unser Kompass sein, nach dem wir alle gemeinsam als Menschheit auf dem offenen Meer navigieren: Sie wird uns vor Unwettern und Stürmen bewahren.

In schwierigen Momenten müssen wir uns Mühe geben, uns dem Bruder oder der Schwester anzunähern, die sich zu einem anderen Glauben bekennen oder gar keinen pflegen. Wir bewohnen zusammen das Gemeinsame Haus, und zusammen sind wir aufgerufen, der Zukunft entgegenzugehen.

Einige von uns sind schon älter und haben die Folgen erlebt, die es in der Vergangenheit hatte, wenn die Brüderlichkeit ein schwieriges Wort war, das im Wörterbuch der Menschheit kaum zu finden war. Daher ist es wichtig, dass die jungen Leute den Schritt in eine geschwisterliche und solidarische Zukunft tun. Wir wollen sie dabei unterstützen, gemeinsam an einer Zukunft zu schreiben, in der sie die Hauptpersonen sind. Wir können ihnen von Erfahrungen aus anderen Zeiten und sogar von Situationen erzählen, in denen unsere Hoffnung bis an ihre Grenzen beansprucht wurde, in denen jedoch so viele nie aufgehört haben, an der Geschwisterlichkeit festzuhalten.

Wir tragen die Verantwortung dafür, ihnen keine zerrissene und polarisierte Welt zu hinterlassen. Angesichts dieses schweren Erbes erscheint die Geschwisterlichkeit immer weniger wie eine Option und mehr wie ein Imperativ. Daher wiederhole ich: »Entweder sind wir Geschwister, oder alles bricht zusammen.«[108]

Wir sind dazu aufgerufen, Architekten des Friedens für unsere Gesellschaften zu sein. An uns ist es, die Ängste zu besiegen, um ein gemeinsames Morgen aufzubauen. Wir müssen den ersten Schritt tun und auf den anderen zugehen, der anders ist als wir. Setzen wir Hände, Köpfe und Herzen ein, um zusammenzuarbeiten. Seien wir der Wandel, den wir in der Welt sehen wollen.

Mit diesem Ziel habe ich in meinen Jahren als Bischof von Rom ein Experiment angestoßen, das mich schon seit Buenos Aires begleitet. Ich meine den interreligiösen Dialog, der in meiner Heimat auf fast natürliche Art geschieht und mit dem wir seit Generationen großgeworden sind. Nichts, was wir auf der Universität gelernt hätten, sondern eher im Alltag. In meinen ersten Schuljahren besuchte ich eine öffentliche Schule, und dort traf ich auf eine wahre *macedonia*, einen Obstsalat, wie die Italiener sagen, von Abstammungen: Kinder oder Enkel von Spaniern, Mitschüler jüdischen Ursprungs, islamischer Herkunft oder aus dem Nahen Osten. Wir feierten Geburtstage, religiöse Feste und spielten in der Schule miteinander wie eine einzige Familie. Das war nichts, was unterrichtet worden wäre, doch wenn man von sechs, sieben Jahren an in der Gewissheit aufwächst, dass der andere ein Partner, eine Freundin, ein Bruder ist, dann trägt man diese Lehre sein ganzes Leben lang mit sich.

Mit der Ökumene war es ein wenig schwieriger, denn in den katholischen Familien selbst fühlte man sich vielleicht einem Juden oder einem Moslem näher als einem Evangelischen oder Presbyterianer. Doch dabei entstand ein Bewusstsein, reifte ein Dialog heran, der dazu führte, dass bereits zu Beginn des 20. Jahrhunderts die wichtigsten Zeremonien einen interreligiös-ökumenischen Charakter hatten. Ich weiß, dass es in anderen Ländern vielleicht einfacher war mit einer ökumenischen Freundschaft, die in Armut oder in der Einigkeit gegenüber totalitären Regimen geschmiedet wurde, die einen Zusammenhalt im Unglück förderten.

Wenn ich Rom verlasse, versuche ich, diese Dialoge auch mit unseren jüdischen und islamischen Geschwistern oder denen aus anderen christlichen Konfessionen voranzubringen. In vielen Ländern, die ich besuche, ist es mir, wenn ich mit den katholischen Gläubigen einer Kirche vor Ort zusammenkomme, wichtig, auch Anführer anderer christlicher Gemeinden und religiöser Traditionen zu treffen.

Es ist doch Realität, dass die Mehrzahl der Bewohner des Planeten sich für gläubig erklären. Etwas auf der transzendenten Ebene eint uns. Und das ist ein Ausgangspunkt für unsere Dialoge, der dazu führen kann, unsere Begegnungen fruchtbarer zu machen.

Auf der interreligiösen Ebene können »drei grundlegende Ausrichtungen [...], wenn sie gut miteinander verbunden werden, für den Dialog hilfreich sein: *die*

Verpflichtung zur Wahrung der Identität, der Mut zur Andersheit und die Aufrichtigkeit der Absichten«.[109] In der Praxis wäre es eine Leitlinie für diese Annäherung, wenn wir uns nicht selbst aufgeben würden, nur um dem anderen zu gefallen; wir sollten im anderen einen Weggefährten sehen und immer ehrlich und transparent sein. Der aufrichtige Dialog lässt uns den anderen mit seinen eigenen Rechten und Freiheiten erkennen. Und das ist es, was wir für eine wahre geschwisterliche Koexistenz brauchen.

Die Welt von heute mit ihren brudermörderischen Neigungen verlangt von uns geschwisterliche Gewissheiten. Und eine erneute Lektüre der Erklärung *Nostra Aetate*, die immer noch äußerst aktuell ist, zum Beispiel in Postulaten wie der Einzigartigkeit der menschlichen Familie oder dem Begriff einer Kirche, die offen für den Dialog mit allen ist: mit unseren christlichen Geschwistern, aber auch mit Muslimen, Juden und Gläubigen aller Religionen.

Was die Ökumene angeht, muss man sagen, dass die aktuelle Lage uns eins mit Sicherheit beweist: dass wir nicht mehr daran denken können, jeder für sich allein zu gehen.

Die Welt verlangt Einigkeit von uns. Denn an einigen Orten auf dem Planeten trennt man uns nicht in Katholiken oder Protestanten, wenn es daran geht, uns zu verfolgen, unsere Freiheiten zu beschneiden oder uns umzubringen. Es gibt eine »Ökumene des Bluts«, die uns angesichts der Barbarei vereint und von uns verlangt, unseren Dialog und unsere Annäherung zu beschleunigen. Um wie viele christliche Märtyrer trauern wir heute; so weit, dass nicht nur unsere Kirche gegenwärtig am stärksten angegriffen wird, sondern dass die Verfolgung unserer Geschwister schlimmer ist als je zuvor in der gesamten Geschichte!

Manchmal habe ich das Gefühl, dass wir uns zu stark mit Diskussionen über die kleinen Unterschiede aufhalten, die uns trennen, statt uns auf die großen Gemeinsamkeiten zu konzentrieren, die uns einen. Ich begrüße, dass unsere Theologen ihre Versammlungen und Diskussionen fortsetzen, mit angemessener Zeit für die heiligen Texte und der Besonnenheit, die es erfordert, die immer noch offenen Fragen anzuschneiden; doch es existiert eine andere Ebene der Ökumene, die von uns verlangt, bei unseren Begegnungen ein höheres Tempo an den Tag zu legen.

Dies ist die Ökumene der Barmherzigkeit, der »ausgestreckten Hand« gegenüber dem Nächsten, für die wir in den letzten Jahren wunderbare Beispiele erlebt haben und in der sich zwei Geschwister gleichzeitig für den Armen engagieren, ohne sich zu fragen, ob sie Lutheraner, Presbyterianer oder Anglikaner sind. Ich hatte Gelegenheit, sie bei einigen meiner Reisen außerhalb von Italien zu erleben; zum Beispiel im April 2016, als ich zusammen mit Bartholomäus, dem ökumenischen Patriarchen von Konstantinopel, die Insel Lesbos besuchte, dieses Symbol für die Tragödie der Migranten.

Diese Ökumene ist keine Dekoration. Ich sehe sie als unverzichtbare Haltung, einen Blickwinkel, aus dem wir anschließend den Rest unseres Lebens als Gläubige bewerten können. Mir gefällt der Gedanke, dass unsere Ökumene unterschiedliche Gesichter hat: das des Bluts, das der Nächstenliebe, das der Armen, das der Mission, das uns auf den Straßen um Beistand ersucht, als gläubige Gemeinschaft im Aufbruch, die den Schwachen und Jungen nahe ist, denen wir dieses geschwisterliche Zeugnis hinterlassen müssen.

Wir sind auch aufgerufen, uns dem Dialog mit den Nichtgläubigen zu öffnen. Ich erinnere mich gern an eines der großen Gemälde von Raffael, *Die Schule von Athen*, auf dem Plato und Aristoteles das Zentrum der Szene einnehmen. Dabei sind sie von einigen der klassischen griechischen Meister umgeben, die das abendländische Denken geprägt haben und die sie beobachten und ebenfalls in dem Werk dargestellt sind. Die beiden schlendern gemeinsam einher und führen einen Dialog von gleich zu gleich, obwohl sie nicht versäumen, jeder mit einer kleinen Geste ihren Standpunkt zu bezeichnen: Plato weist mit dem Zeigefinger der rechten Hand zum Himmel, zum Göttlichen, während er in der Linken ein Exemplar des *Timaios* hält. Aristoteles dagegen wendet die rechte Handfläche dem Boden zu, dem Irdischen, während er in der linken einen Band seiner *Ethik* trägt.

Seit Beginn meines Pontifikats versuche ich, kontinuierlich den Dialog mit den Nichtgläubigen zu führen, basierend auf offener Kommunikation und nicht auf mich selbst bezogen. Auch das ist die Kirche im Aufbruch.

Mit der gleichen Dringlichkeit, mit der wir auf globaler Ebene gemeinsam mit unseren Geschwistern aus anderen nicht-christlichen Kirchen schnell handeln müssen, sind wir aufgerufen, auch diejenigen einzubeziehen, die keinem Glauben anhängen. Daher habe ich beschlossen, dass meine beiden Enzykliken, die thematisch die Sorge um die Menschheit berühren, sich an alle Frauen und Männer »guten Willens« richten sollen. Wie es uns das Zweite Vatikanische Konzil lehrt: »Freude und Hoffnung, Trauer und Angst der Menschen von heute, besonders der Armen und Bedrängten aller Art, sind auch Freude und Hoffnung, Trauer und Angst der Jünger Christi. Und es gibt nichts wahrhaft Menschliches, das nicht in ihren Herzen seinen Widerhall fände.«[110] Daher wollte ich, als ich sowohl *Laudato sí* als auch *Fratelli tutti* aus meinen christlichen Wurzeln heraus schrieb, auch die Menschen ansprechen, die sich nicht als gläubig betrachten; denn wir sind alle ein Teil der Lösung der Probleme, die uns bedrängen.

Bei den großen Herausforderungen, vor die uns die Welt von heute stellt, sind uns Projekte »einiger weniger für einige wenige, oder einer erleuchteten bzw. stellvertretenden Minderheit, die sich ein Kollektiv-Empfinden aneignet« nicht genug, sondern »es geht um ein Abkommen für das Zusammenleben, um eine gesellschaftliche und kulturelle Übereinkunft«.[111]

In diesem Sinne existieren diverse Initiativen, die versuchen, diesem Dialog eine Art Kontinuität zu verleihen und ihn zu einer Institution zu machen. Zum Beispiel das »Atrio de los Gentiles«, ein Ort, an dem Gläubige und Nichtgläubige sich über Ethik, Kunst, Wissenschaft und die Suche nach Transzendenz austauschen können. Ich strebe danach, dass noch mehr davon entstehen.

Auch versammeln sich im Vatikan häufig diverse Gruppen von Wissenschaftlern, in denen Gläubige, Agnostiker und Atheisten zusammenkommen, aber mit dem gemeinsamen Ziel, Brücken zu bauen und zu Einigungen und Vorschlägen zu gelangen, die dazu beitragen können, Prozesse in Gang zu bringen. Dies zeigt uns, dass wir nicht alle gleich zu sein brauchen, um uns für gemeinsame Anliegen zu engagieren.

Sobald wir uns über diese gemeinsame Sache einig sind, wird es uns viel leichter fallen, uns diversen Herausforderungen zu stellen, vor denen wir als Menschheit stehen. Vom Standpunkt der Gläubigen aus betrachtet sind wir dazu aufgerufen, untereinander und mit Männern und Frauen guten Willens zusammenzuarbeiten, die keinerlei Religion anhängen müssen, um wirksame Antworten auf zahlreiche Fragen zu finden wie etwa Frieden, Hunger, das Elend, unter dem Millionen von Menschen leiden, die Umweltkrise oder die Korruption. Die jungen Generationen – und nicht nur die – fordern uns auf, Prozesse in Gang zu bringen, um Lösungen zu finden, die jede Art von Gewalt beenden, insbesondere im Namen der Religion begangene. Das Zeitgeschehen verlangt von uns, mehr Abel und weniger Kain zu sein.

Eine der wichtigsten Herausforderungen, vor denen wir als Gläubige stehen, ist es, jedes Anzeichen von Gewalt zu verbannen, das unter unseren Geschwistern aufkommen könnte.

Ich erinnere nachdrücklich daran, dass keine Religion terroristisch ist. Es gibt keinen christlichen Terrorismus, keinen jüdischen Terrorismus und keinen islamischen. In allen Religionen existieren, genau wie in allen Ländern, fundamentalistische und gewalttätige Personen, die »gestärkt durch intolerante Verallgemeinerungen, sich aus Hass und Fremdenfeindlichkeit [nähren]«.[112]

Es ist wichtig, daran zu erinnern, dass »Gewalt keinerlei Grundlage in den fundamentalen religiösen Überzeugungen findet, sondern nur in deren Verformungen«.[113] Der Krieg in der Ukraine hat uns angesichts der Haltung einiger Brüder, die Rechtfertigungen für Akte des Hasses und reiner Gewalt suchten, erneut zum Nachdenken darüber angeregt.

Wahr ist auch, dass keine Religion vor der Gefahr durch fundamentalistische Abweichungen oder extremistische Einzelpersonen oder Gruppen gefeit ist[114], doch wir müssen Vorurteile überwinden und uns auf die positiven Werte konzentrieren, die sie vorleben und vertreten und die eine Quelle der Hoffnung sind.

In dieser Richtung ist es wichtig, diejenigen, die dieser »Versuchung zur Verformung« unterliegen, dahingehend zu warnen, dass niemand glauben soll, sich hinter Gott verschanzen zu können, wenn er Gewaltakte und Übergriffe plant und durchführt. Niemand darf die Religion zum Vorwand für Taten nehmen, die der Würde des Menschen und seinen Grundrechten widersprechen.

Ein erstes Ziel der Geschwisterlichkeit zwischen den Religionen und mit den Nichtgläubigen sollte die Zusammenarbeit bei der Bekämpfung des Fundamentalismus sein, der sich aus ungerechten und unsicheren Situationen wie denen nach einem Krieg speist.

Das beste Gegenmittel gegen den Fundamentalismus ist der unablässige Einsatz für echte Chancengleichheit (eine würdige Arbeit; Lebensbedingungen, die eine ganzheitliche menschliche Entwicklung ermöglichen) sowie die volle Integration derer zu erreichen, die anders als wir oder neu in unserer Gesellschaft angekommen sind.

In Europa zum Beispiel sehen wir bei einigen Gelegenheiten, dass die Menschen, die den Namen Gottes gebrauchen, um fundamentalistische Taten zu begehen, in großen Städten als Söhne oder Töchter von Einwanderern geboren sind, aber dadurch, dass sie eine andere Hautfarbe oder eine andere Religion haben, in die Armut getrieben oder stigmatisiert worden sind. Diese Europäer mit vorschriftsmäßigen Papieren, die hier geboren sind, leben, oft seit ihrer Kindheit, in einer Umgebung, die dazu neigt, sie an den Rand zu drängen; vom

Mobbing in der Schule bis zu zusätzlichen Schwierigkeiten dabei, Arbeit zu finden. Das ist keine Rechtfertigung, sondern nur ein Hinweis darauf, dass eine reale, gesunde Integration das beste Gegenmittel ist, damit der Fundamentalismus unter uns keine Wurzeln treibt.

Gewalt im Namen Gottes ist ein Verrat an der Religion. Und es ist unsere Pflicht, »Nein« zu jeder Form des Hasses zu sagen, die in Seinem Namen oder dem einer anderen Religion ausgeübt wird.

Ich erinnere an die Erklärung, die ich zusammen mit meinem Bruder Ahmad al-Tayyeb, dem Großimam der al-Azhar-Moschee, herausgegeben habe: »Ebenso erklären wir mit Festigkeit, dass die Religionen niemals zum Krieg aufwiegeln und keine Gefühle des Hasses, der Feindseligkeit, des Extremismus wecken und auch nicht zur Gewalt oder zum Blutvergießen auffordern. Diese Verhängnisse sind Frucht der Abweichung von den religiösen Lehren, der politischen Nutzung der Religionen und auch der Interpretationen von Gruppen von religiösen Verantwortungsträgern, die in gewissen Geschichtsepochen den Einfluss des religiösen Empfindens auf die Herzen der Menschen missbraucht haben: Die Gläubigen sollten dazu geführt werden, Dinge zu tun, die nichts mit der Wahrheit der Religion zu tun haben; sie sollten weltliche und kurzsichtige politische und wirtschaftliche Ziele verwirklichen.«[115]

Als Religionen nehmen wir diese Verunstaltungen unseres Glaubens nicht hin. Wir engagieren uns dafür, das Übel des Fundamentalismus in unseren Gemeinschaften auszurotten. Doch das kann uns nicht allein gelingen, da seine Ursachen auch in politischen, wirtschaftlichen und sozialen Entscheidungen sowie Bildungsfragen und kulturellen Faktoren liegen.

Als religiöse Führer werden wir nie müde werden zu erklären, dass man im Namen Gottes nicht töten darf. Und wir wollen unsere ganze Kraft auch in eine gemeinsame Agenda stecken, die nötig ist, angesichts der brennenden Probleme einer Welt, die immer reicher wird und zugleich immer gleichgültiger, sogar ihrem eigenen Haus, der Erde, gegenüber.

Ich denke da an die konfessionsübergreifende Begegnung Ende 2021 mit dem ökumenischen Patriarchen Bartholomäus und Erzbischof Justin Welby zur Unterzeichnung einer gemeinsamen Erklärung, in der wir auf die Dringlichkeit der ökologischen Nachhaltigkeit, deren Einfluss auf die Armut und die Bedeutung der globalen Zusammenarbeit hingewiesen haben.

Wir sind uns bewusst, dass wir uns stets vornehmen müssen, die Welt besser zu hinterlassen, als wir sie vorgefunden haben.[116] In Bezug auf die Sorge um das Gemeinsame Haus, ja, aber nicht nur.

Angesichts des Umstands, dass die Mehrheit der Bewohner des Planeten sich für gläubig erklärt, warum nicht davon profitieren, indem wir als Religionen einen echten Dialog anstoßen, der sich an der Sorge um die Natur, der Verteidigung der Armen und dem Aufbau von Netzwerken des Respekts und der Geschwisterlichkeit orientiert?

Dieser Dialog darf nicht ohne den Schutz des Lebens in all seinen Phasen stattfinden, wie wir es zusammen mit dem Großimam der al-Azhar-Moschee erklärt haben, als wir »alle Praktiken [verurteilt haben], die das Leben bedrohen, wie die Genozide, die terroristischen Akte, die Zwangsumsiedlungen, den Handel mit menschlichen Organen, die Abtreibung und die Euthanasie sowie die politischen Handlungsweisen, die all dies unterstützen«.[117] Und so, wie wir vom katholischen Glauben her für das Leben von der Empfängnis bis zum natürlichen Tod eintreten, rufen wir unsere Geschwister auch dazu auf, sich zusammen mit uns für die absolute und eindeutige Absage an die Todesstrafe auszusprechen.[118] Mit diesem Aufruf wollen wir nicht nur alle Christen erreichen, sondern auch unsere Geschwister anderer Konfessionen und letztendlich alle Frauen und Männer guten Willens.

Der Weg des Dialogs zwischen den Religionen – der so zentral für das Lehramt meiner Vorgänger war und den fortzusetzen ich mir vorgenommen habe – erscheint angesichts der konkreten großen Herausforderungen der Welt immer stärker wie ein Imperativ und nicht wie eine Option, die wir auch ausschlagen könnten. Diese Begegnung mit dem anderen kann auch diejenigen nicht ausschließen, die sich als nicht gläubig betrachten, denn nur, wenn wir Seite an Seite gehen, können wir Männer und Frauen guten Willens klar auf die Globalisierung der Gleichgültigkeit reagieren, die uns entzweien will, die Voraussetzungen für die Ausprägungen des Fundamentalismus schafft und versucht, Millionen von Menschen durch Kriege und Armut an den Rand zu drängen. Die Geschwisterlichkeit ist der Weg. Daher wollen wir euch auffordern, keine Akte des Hasses, der Gewalt und der Barbarei mehr im Namen Gottes zu begehen, sondern euch davon bewegen zu lassen, vereint diesen Weg der Geschwisterlichkeit zu gehen.

Epilog

»Pilger der Hoffnung«

Während seines kurzen Pontifikats widmete der seliggesprochene Johannes Paul I. der Hoffnung eine seiner vier Audienzen und bezeichnete sie als »eine obligatorische Tugend jedes Christen«.[119] Zu dieser schönen Definition möchte ich noch hinzufügen, dass dieser Aufruf zur Hoffnung die Grenzen zwischen den Gläubigen überschreiten muss. Sie ist eine Tugend, die in jedem Mann und jeder Frau guten Willens wohnen kann.

Dies ist eine schwierige Zeit für die Hoffnung, obwohl wir täglich auch ermutigende Nachrichten erhalten. In der Enzyklika *Fratelli tutti*, die sich mit der universellen Geschwisterlichkeit beschäftigt, schrieb ich: »Gott fährt nämlich fort, unter die Menschheit Samen des Guten zu säen. Die jüngste Pandemie hat uns erlaubt, viele Weggefährten und -gefährtinnen wiederzufinden und wertzuschätzen, die in Situationen der Angst mit der Hingabe ihres Lebens reagiert haben.«[120]

Wie viele Kinder sind in dieser Zeit, die nur aus Dunkelheit und Sorge zu bestehen schien, zur Welt gekommen! Wie viele Menschen mehr als zuvor sind zusammengekommen und haben einander im Warten darauf, dass der Sturm vorüberziehe, fest umarmt oder ihr Band verstärkt in der Gewissheit, dass die Menschheit diese Zeit überstehen werde! Ein anglikanischer Bruder, der Südafrikaner Desmond Tutu, hat vor mehreren Jahren eine sehr schöne Idee über diese Art, in die Zukunft zu blicken, zum Ausdruck gebracht und erklärt, dass »die Hoffnung darin besteht, dass man in der Lage ist, jenseits aller Dunkelheit ein Licht zu sehen«.[121]

Allerdings muss man die Aufmerksamkeit auch auf etwas anderes lenken: Der Weg aus der Pandemie fand nicht unter so guter Leitung statt, wie es hätte sein können. Angesichts der Frage, wie wir aus der Pandemie herauskommen, finde ich immer, dass man besser oder schlechter aus einer Krise hervorgeht, aber niemals so wie zuvor.

Leider kann man in einigen Fällen ein Wiedererstarken bestimmter Haltungen beobachten, die vor der Pandemie bestanden. Ein Bericht, der kürzlich von einer Gruppe Richter und Richterinnen aus Lateinamerika und Afrika erarbeitet wurde, erklärt, es sei sehr besorgniserregend, dass die Impfungen »nicht – universell – für die gesamte Weltbevölkerung verfügbar und zugänglich sind, insbesondere für die Bevölkerung des afrikanischen Kontinents mit niedrigen Impfquoten«.[122]

Schmerzerfüllt schließe ich mich dieser Bestandsaufnahme an. Die gesundheitspolitische Notlage verlangte danach, eine gewisse Logik zu überwinden und vor allem denen, die weniger besitzen, eine Chance zu geben.

Und während wir versuchen, die Pandemie hinter uns zu lassen, legt der Krieg in der Ukraine einen dunklen Schleier über die Welt, dessen Epizentrum sich in Europa befindet; eine neue Herausforderung an uns, unsere Hoffnung auf die Probe zu stellen.

Wir sehen einen Rückschritt, was nicht gut ist, doch er ist nicht endgültig. Einige Menschen haben sich geändert, sind gewachsen und haben eine andere Sicht auf das Leben entwickelt, und andere nicht. Dieser Krieg ist ein Beispiel für dieses Verhalten. Einmal mehr rutschen wir in einen Krieg, der dadurch entstanden ist, dass Waffen getestet und verkauft wurden.

Daher möchte ich mit den zehn Bitten im Namen Gottes alle Männer und Frauen guten Willens dazu auffordern, mich darin zu begleiten, Hoffnung auf die Zukunft zu hegen.

Wenn ich über die Hoffnung nachsinne, kann ich mich in erster Linie des Gedankens an die Menschen nicht erwehren, die ihre Freiheit verloren haben. Sie sind das lebendige Beispiel dafür, dass man, ganz gleich, welche Tat man begangen hat, immer Platz für die Präsenz und die Barmherzigkeit Gottes hat. Es gibt kein Herz, in das die Liebe des Allmächtigen nicht eintreten könnte. Und genau in unseren Herzen schlägt die Hoffnung Wurzeln, damit sie von dort aus mit ihrem Licht die Gegenwart erhellen kann, die oft durch so viele Situationen voller Trauer und Schmerz getrübt und verdunkelt ist.

Häftlinge sind ein Bild der Hoffnung, die ein Teil jeden Urteils sein und sich zu einem Ausweg hin zu einem besseren Leben wandeln muss.

Ich spreche stets lieber von Hoffnung und nicht von Optimismus. Optimismus ist ein Gemütszustand, der heute hier und morgen fort sein kann, er ist veränderlich. Es ist wahr, dass manche Menschen von Grund auf optimistisch sind und andere pessimistischer, doch das ist nicht die richtige Art, seine Beziehung zur Zukunft zu messen. Ich bin Christ; ich sage gern, dass ich »Hoffnung habe«.

Auch in Zeiten wie diesen, inmitten von allem, was auf der Welt vor sich geht und zu dem sich jetzt noch die Grausamkeit des Krieges gesellt, ist es wichtig, die Stimme der Hoffnung zu erheben; sie ist die einzige Stimme, die dem Status quo die Stirn bieten und uns in der Realität, die uns umgibt, verankern kann.

Die Hoffnung im Allgemeinen hat mich auch zur Wahl des Mottos für das nächste Heilige Jahr bewogen, das 2025 stattfinden wird. »Pilger der Hoffnung« als Einladung, gemeinsam den Weg des Aufbruchs zu gehen.

Die Hoffnung auf eine bessere Welt ist das einende Band, das die zehn Gebete im Namen Gottes verbindet, die ich euch hier vorlege und die gemeinsam zu erfüllen ich euch einlade. Zauberformeln existieren nicht, wohl aber Einstellungen zum Leben, zu unserem Nächsten und zu unserem Gemeinsamen Haus, die uns sicherlich bei diesen Themen sehr hilfreich sind. Zum Beispiel die, das Gefühl der universellen Geschwisterlichkeit zurückzugewinnen und die Augen nicht vor der Tragödie der Armut zu verschließen, die Millionen von Menschen, Frauen, junge Menschen und Kinder, daran hindert, ein Leben in Würde zu führen.

Anders als der Optimismus lässt die Hoffnung uns nie im Stich. Ein Bild eines zeitgenössischen Künstlers illustriert das sehr schön. Es ist an eine Mauer in London gesprüht, auf eine Wand, und zeigt ein kleines Mädchen, das einen herzförmigen Ballon fliegen lässt. Neben dem schwarz-weiß gehaltenen Bild des Mädchens, von dem sich das Herz in Rot abhebt, steht ein Satz: »There is always hope« – Es gibt immer Hoffnung. Dieselbe Hoffnung ist es, die uns »einlädt, die Gegenwart voll und ganz zu leben«[123]; denn sie ist letztendlich ein Geschenk Gottes, das er uns allen machen will.

Die Bitten, die ihr in den Händen haltet, bringe ich im Namen Gottes vor, doch ich möchte damit Gläubige wie Nichtgläubige ansprechen. Im Einklang mit meinen Enzykliken wollte ich »in Dialog mit allen« über das Gemeinsame Haus und die universelle Geschwisterlichkeit, die Sorgen der Menschheit, treten, und so meine ich auch diese Zeilen.

Einen speziellen Absatz will ich den Menschen katholischen Glaubens widmen, um ihnen ins Gedächtnis zu rufen, dass wir das ganze gottestreue Volk mobilisieren müssen, wenn wir einige der Veränderungen erreichen wollen, um die ich in diesem Buch bitte. Kürzlich habe ich in der Apostolischen Konstitution *Praedicate Evangelium* einen Aufruf gestartet, die gesamte Kirche zur Mission zu mobilisieren. Der Papst und seine Mitarbeiter wissen ja, dass sie von »Christus nicht bestellt sind, um die ganze Heilssendung der Kirche an der Welt allein auf sich zu nehmen«.[124]

Wir rufen alle dazu auf, unseren Weg voller Hoffnung zu gehen, denn wenn man keine Hoffnung hat, gelangt man nirgendwohin.

Die Hoffnung folgt der Barmherzigkeit, die Thema des außerordentlichen Heiligen Jahrs 2015 war. Damals versuchte ich, die Aufmerksamkeit darauf zu lenken, dass uns Barmherzigkeit erwiesen wurde und Gottes Barmherzigkeit weit über unsere Grenzen, Sünden oder Fehler hinausgeht. Eine Anekdote erzählt vom Heiligen Jean-Marie Vianney, dem »Pfarrer von Arles«: Eine Witwe weinte, weil ihr Mann sich umgebracht hatte, indem er von der Brücke in die Seine gesprungen war. »Er ist in die Hölle gekommen«, sagte sie. Doch der Pfarrer erklärte ihr, Gottes Barmherzigkeit sei groß, sie sei auch zwischen Brücke und Fluss.

Das Problem der Barmherzigkeit ist etwas, das mich schon immer sehr berührt hat; die Barmherzigkeit erlöst uns alle. Zum Beispiel hängt in meinem Büro im Haus der Heiligen Martha die Reproduktion eines Kapitells aus der Basilika Ste-Marie-Madeleine in Vézelay. Im Mittelalter, als nur wenige Menschen lesen und schreiben konnten, bildeten die Kapitelle Wege der biblischen Unterweisung. Dieses Kapitell stellt den erhängten Judas dar und unter ihm den Teufel, der ihn in die Hölle schleppt. Und auf der anderen Seite steht der Gute Hirte, der ihn rettet und ironisch lächelnd davonträgt. Dieses Kapitell ist eine ganze Katechese darüber, dass Gottes Barmherzigkeit größer ist.

Eine der Früchte dieses Jubeljahrs war die Gründung der *Missionare der Barmherzigkeit*, die sich mit der Beichte beschäftigen und vor allem eine wesentliche Rolle als Gesandte des Sakraments der Versöhnung spielen, auch an Orten, wo Katholiken nur sehr begrenzt präsent sind, und Tausende von Kilometern reisen, um verschiedene Gemeinden zu erreichen. Vor dem außerordentlichen Heiligen Jahr hatten zum Beispiel nicht alle Geistlichen die Erlaubnis, vom Verbrechen der Abtreibung freizusprechen. Damals kam eine Frau mit dem Wunsch, sich zu versöhnen, und man sagte ihr, sie solle am nächsten Tag wiederkommen, denn man müsse »den Bischof um Erlaubnis bitten«. Inzwischen können alle Geistlichen die schwere Sünde der Abtreibung vergeben.[125]

Auch andere schwere Sünden müssen die apostolische Buße durchlaufen, doch auch bei ihnen können die Missionare eingreifen. Sie geben Bescheid, wann sie in der Stadt sind, kommen und hören den Menschen zu. Es ist eine Art, es den Menschen zu ermöglichen, die Barmherzigkeit Gottes konkret zu erleben, dort, wo sie sind.

In diesem Sinne lege ich selbst alle 14 Tage bei einem Franziskaner die Beichte ab. Mir tut es gut, die Vergebung Gottes zu erfahren, weil sie hilft, die Hoffnung zu wahren. Und die Hoffnung ist nichts Statisches, sondern bringt in Bewegung und hilft einem auf dem Weg. In der Bibel gibt es das schöne Bild des Ankers: Man wirft den Anker aus, findet Halt und setzt sich in diese Richtung in Bewegung.

Seien wir also »Pilger der Hoffnung« auf dem Weg in die Zukunft. Ich habe euch zehn Gebete vorgelegt, die ich im Namen Gottes vorbringe, für die wir uns aber alle gemeinsam einsetzen müssen. All unsere Fehltritte und Erfolge erteilen uns eine Lektion, denn der Weg ist vielleicht nicht einfach. Aber erinnern wir uns daran, »niemand [rettet sich] allein, als isoliertes Individuum, sondern Gott zieht uns an, wobei er das komplexe Geflecht zwischenmenschlicher Beziehungen berücksichtigt, das der menschlichen Gemeinschaft innewohnt: Gott wollte in eine soziale Dynamik eintreten, in die Dynamik eines Volkes.«[126]

Als Menschheit brauchen wir die Erinnerung an die Geschichte; den Mut, uns der Gegenwart zu stellen, und die Hoffnung auf die Zukunft.

Die Erinnerung an die Vergangenheit kannst du nicht auslöschen: an die Familie, an die Heimat, an deine persönliche Geschichte. Mut ist notwendig, denn heutzutage kommt man ohne Mut nicht voran; doch dies ist kein isolierter, individueller Mut. Es ist der Mut, der daraus erwächst, dass wir uns von anderen begleitet und unterstützt fühlen. Auch das schenkt uns Hoffnung, den Mut, sich darauf einzulassen, auf die anderen zu vertrauen und seinen Weg zu finden.

Es gibt einen Tango, der fast hundert Jahre alt, aber in einigen Teilen leider viel zu aktuell ist. Bereits 1934 wurde darin das 20. Jahrhundert als »unverschämte Entfaltung von Bosheit« bezeichnet. An uns ist es, dafür zu sorgen, dass das 21. Jahrhundert nicht genauso oder noch schlimmer wird. Nicht alles ist ein »komm schon, ist doch egal«.[127] Deshalb bitten wir Gott, uns die Hoffnung zu schenken, dass wir es besser machen.

In diesem Sinne denke ich an eine Passage aus der ersten Audienz, die ich nach meiner Wahl zum Papst geleitet habe, und in der es, glaube ich, darum ging, was es bedeutet, Pilger zu sein und uns durch Hoffnung zu motivieren: Wir müssen »lernen, aus uns selbst herauszugehen (…), um den anderen entgegenzugehen, um an die Grenzen der Existenz zu gehen, als erste auf unsere Brüder und unsere Schwestern zuzugehen, vor allem auf jene, die fern sind, die vergessen sind, die am meisten Verständnis, Trost, Hilfe brauchen«.[128]

Ich will mit euch einige Worte des ersten Trägers des Friedensnobelpreises teilen, der aus Afrika stammte, Albert Luthuli, der, als er 1960 die Auszeichnung in

Empfang nahm, seinen Wunsch zum Ausdruck brachte, »dass bald der Tag kommt, an dem die Völker der Welt erwachen und gemeinsam erfolgreich jegliche Bedrohung des Friedens in aller Welt, wo sie auch geschieht, ausschalten werden. Wenn dieser Tag kommt, wird es ›Frieden auf Erden und den Menschen ein Wohlgefallen‹ geben, wie es die Engel verkündet haben, als jener große Friedensbote, Unser Herr, zur Erde hinabstieg.«[129]

Voller Hoffnung und in der Gewissheit, dass ihr mich alle als Pilger begleitet, bitte ich im Namen Gottes ganz besonders um diese Sehnsucht nach Frieden.

Nachwort des Herausgebers

Von Hernán Reyes Alcaide

Am Ursprung dieses Buchs stand eine Rede, die Papst Franziskus am 16. Oktober 2021 vor den Movimientos Populares hielt und in der er dieser Gruppe »sozialer Poeten« für die Hilfe dankte, die sie während der Pandemie den Hilfsbedürftigsten geleistet hatten. Der Ausbruch von Covid-19 unter uns war wenig mehr als eineinhalb Jahre her, und der Papst nahm dieses Datum zum Anlass, eine Diagnose der Welt zu stellen, die sich in dieser Zeit abzeichnete, und sie ausgehend von dieser für die ganze Menschheit so einschneidenden Erfahrung zum Aufbau einer neuen Realität aufzurufen.

Der Papst nutzte diese Rede ebenfalls, um mit allen Personen, Gruppen, Institutionen und Organen zu sprechen und sie aufzufordern, das gegenwärtige System, diesen »außer Kontrolle geratenen Zug zu stoppen, der uns alle auf den Abgrund zu reißt«.

Historisch in der Soziallehre der Kirche verankert und durch die Brille der Pandemie betrachtet, sprach

Franziskus ohne Umschweife von neuen Angelpunkten, auf deren Grundlage es notwendig ist, den Kurs zu ändern, wenn wir wirklich »gemeinsam von einer neuen Welt träumen wollen«. Bei diesem Kurs, den er seither verfolgt, geht es darum, dazu beizutragen, dass es der Menschheit nach der Pandemie besser geht als vorher, denn, wie er in dem historischen Segen Urbi et Orbi am 27. März 2020 erklärte, kommt man aus einer Krise besser oder schlechter als vorher heraus, aber nie gleich.

Daraufhin schlug ich ihm vor, das Format dieser Bitten »im Namen Gottes« zu erweitern und ihnen einen breiteren Sinn zu geben, um jeden Mann und jede Frau guten Willens zu erreichen, oder, um das aufzunehmen, was er in den ersten Absätzen seiner Enzyklika *Laudato sí* zusammenfasst, »jeden Menschen, der auf diesem Planeten wohnt«.

Der erste Vorschlag, dem Franziskus zustimmte, war der, einen Text zu erstellen, der sich vornahm, diese Bitten aus der Rede vom Oktober 2021 noch einmal aufzunehmen und sie ausgehend von den Aussagen seiner Vorgänger und der katholischen Soziallehre zu jedem der Punkte weiterzuentwickeln. Wir hatten nicht vor, ein traditionelles Interview mit Frage und Antwort zu führen, so viel war von Anfang an klar. Stattdessen würde der Prozess von mir verlangen, mich aufgrund seiner Vorschläge, Hinweise, Lektüreanregungen und des persönlichen Austauschs, auch per Telefon oder Mail, breiter und tiefer in die Redaktion des Textes zu involvieren.

Je weiter das Projekt fortschritt, desto deutlicher wurde die Notwendigkeit, einige Themen einzubeziehen, die nicht in den Bitten »im Namen Gottes« von 2021 auftauchten und die das Näherrücken des zehnten Jahrestags seiner Wahl zum Papst beinahe zwingend machte. So haben wir Gedankengänge aufgenommen, die dazu beigetragen haben, den Text zu einem viel ganzheitlicheren Blick nicht nur auf das fast abgeschlossene erste Jahrzehnt seines Pontifikats, sondern auch auf die Herausforderungen zu machen, die Franziskus, wie er im Untertitel sagt, für eine hoffnungsfrohe Zukunft sieht. Zu diesen Themen gehören der Kampf gegen den sexuellen Missbrauch, den Missbrauch von Macht und Gewissen; die Entwicklung der Doktrin der Kirche hin zur Ablehnung der Todesstrafe sowie die Stärkung der Rolle der Frau in der Gesellschaft.

Auf der anderen Seite war der Ausbruch des Kriegs in der Ukraine eine Erinnerung daran, wie wichtig es war, sich energisch gegen jegliche Eskalation oder Rechtfertigung von Kriegen auszusprechen, und, wie der Papst in seiner Reise nach Kanada im Juli 2022 erklärte, ein Zeichen dafür »wie sehr wir das gegenseitige Zuhören und den Dialog [brauchen], um von dem vorherrschenden Individualismus, den vorschnellen Urteilen, der um sich greifenden Aggressivität und der Versuchung, die Welt in Gut und Böse einzuteilen, wegzukommen!«[130]

Der erste Schritt zu dem neuen Konzept war, Reden, Botschaften und Aussagen seit 2013 Revue passieren zu lassen, um die zentralen Ideen, die der Papst zu jedem der Themen hatte verlauten lassen, herauszuarbeiten. Anschließend haben wir an weiteren Ideen gearbeitet, die er in seinen neueren Äußerungen formuliert hat, um zehn der großen Themen seines Pontifikats zu vertiefen und neu zusammenzutragen. Eine der Herausforderungen bestand darin, einen Ton zu treffen, der einem direkten Dialog des Papstes mit jedem Leser, der das Buch in Händen halten würde, ähnelte, ohne auf der anderen Seite die kollektive Dimension des Aufrufs zu verlieren, den der Inhalt des Werks darstellt, um für diese Zukunft der Hoffnung zu arbeiten, zu der er uns auf diesen Seiten einlädt.

In diesem Buch umreißt der Papst einmal mehr die großen Themen seines Pontifikats, wobei er sich auf Zahlen stützt und seine Darstellung mit Zitaten so unterschiedlicher Künstler und Denker wie unter anderen Dante, Vergil, Gabriela Mistral und Jorge Luis Borges untermauert und unter Beweis stellt, wie genau er sich mit den Medien und der Sprache dieses zweiten Jahrzehnts des 21. Jahrhunderts auskennt. Es fehlen auch nicht die Bezüge auf TikTok, Memes oder die Gefahren des kybernetischen Zeitalters. Franziskus, der gern Bilder in seine Predigten und Reden einflicht, greift in diesem Buch auch auf einige ikonische Darstellungen aus der Kunstgeschichte zurück, um seine Ideen zu unterstreichen, und bekräftigt die gedankliche Kontinuität mit seinen Vorgängern, deren Gedanken er zum Ausgangspunkt für seine Analyse in seinen zehn Gebeten nimmt.

Doch auch angesichts der Weltlage, die, während wir an dem Buch arbeiteten, immer komplexer wurde, sieht Franziskus freudig in die Zukunft und nimmt sich vor, die nächsten Jahre voller Hoffnung anzugehen.

Der Papst greift öffentlich und privat gern ein Zitat auf, das Gustav Mahler zugeschrieben wird, um eine Vorstellung von der Bewegung zu vermitteln, die er sich idealerweise für die Traditionen, Doktrinen und Gepflogenheiten in der Kirche und der Menschheit vorstellt: »Tradition ist nicht die Anbetung der Asche, sondern die Weitergabe des Feuers«, woran er auch anlässlich seiner Reise nach Kanada Ende Juli 2022 erinnerte.

So zeugt das Zitat des österreichischen Komponisten von diesem stetigen und fruchtbaren Dialog, der laut dem Papst die Vergangenheit mit der Gegenwart verbinden muss; die Erinnerung mit dem Jetzt oder, um es persönlicher auszudrücken, die Alten mit den Jungen. Dies ist ein weiteres Thema, das das gesamte Buch durchzieht.

So blickt der Papst sogar vor dem Hintergrund eines Dritten Weltkriegs, den er bereits »teilweise« im Gang sieht, auf alle Fälle hoffnungsvoll in die Zukunft und zögert nicht zu versichern, dass wir »noch Zeit haben«, die Veränderungen zu bewirken, die uns dabei helfen werden, eine neue Welt aufzubauen.

Eine zerstörte Umwelt, die marktorientierte, entfesselte Wirtschaft, eine immer stärker vom Gemeinwohl isolierte Politik, Gesundheitssysteme, die sich immer weniger um die Schwächsten kümmern – die Gemeinsamkeit zwischen den großen Problemen, über die der Papist in diesem Buch spricht, besteht darin, dass sie, da sie von Menschen erzeugt sind, auch durch die Menschheit rückgängig gemacht werden können. Daher Franziskus' Hoffnung auf die Zukunft. Und daher auch sein Aufruf, Mut zu fassen, mit dem das Buch schließt.

Der französische Anthropologe Didier Fassin erklärte in einem kürzlich erschienenen Buch »wenn die Welt eine andere Gestalt haben kann – was sie mit Sicherheit in der Vergangenheit hatte und anderswo weiter hat –, dann ist Veränderung immer möglich und nährt neue Hoffnungen«.[131] Abgesehen von den konkreten Themen, die der Papst uns vorstellt, geht es letztendlich bei diesen zehn Gebeten, die er uns demütig und offen unterbreitet, um die Hoffnung, dass dieser Wandel möglich ist.

Die erste Fassung dieses Buchs wurde gemeinsam mit Papst Franziskus auf Spanisch erarbeitet; durch die exakte Arbeit, die Guiseppe Romano mit seiner Übersetzung ins Italienische geleistet hat, gelangte der Text in dieser Sprache erstmals zu den Lesern und stellt eine mehr als getreue Version dar. In Buenos Aires war Ana Clara Pérez Cotten die »Erstleserin«, die Wissen, Präzision und Ordnung beigetragen hat: auch ihr vielen Dank.

Ich bedanke mich auch beim Team des Piemme-Verlags: Antonella Bonamici, die das Projekt von Anfang an betreut hat, und bei Cecilia Mastrogiovanni, die die Redaktion fortgesetzt und einen frischen, modernen Blick beigesteuert hat.

Anmerkungen

1. Bertrand Russell, Mortals and Others / »Sterbliche und andere«, Routledge 2009, S. 318.
2. Andrea Camilleri: Brief an Matilda, Reinbeck 2019, S. 122.
3. Vgl. Rainer Maria Rilke, Wendung. In: Ders.: Gesammelte Werke. Bd. 3: Gedichte. Dritter Teil. Leipzig 1927, S. 460–462. Hier in Übersetzung des Herausgebers.
4. Vgl. Papst Franziskus: Rede über den Schutz von Minderjährigen in der Kirche / Discurso al Encuentro La protección de los menores en la Iglesia, 24. Februar 2019.
5. Papst Franziskus: Rede vor dem Verein »Meter«, 15. Mai 2021.
6. Vgl. Papst Franziskus: Rede beim Arbeitstreffen zum Schutz Minderjähriger in der Kirche, Sala Regia im Vatikan, 24. Februar 2019.
7. Vgl. Papst Franziskus: Apostolische Konstitution Pascite Gregem Dei, Juni 2021.
8. Papst Franziskus: Rede vor dem Verein »Meter«, 15. Mai 2021.
9. Papst Franziskus: Predigt in der Vesper mit den Bischöfen, Priestern, Diakonen, Personen des geweihten Lebens, Seminaristen und Pastoralarbeitern, Kathedrale Notre Dame de Québec, 28. Juli 2022.
10. Vgl. Papst Franziskus: Videobotschaft an die Movimientos Populares, 16. Oktober 2021.
11. Papst Franziskus: Laudato sí, Absatz 24.
12. Päpstlicher Rat für Gerechtigkeit und Frieden. Kompendium der Soziallehre der Kirche. Freiburg 2006, Absatz 466, S. 335.
13. Ebd., Absatz 460, S. 331.
14. Vgl. Sonderversammlung zur pan-amazonischen Region, Schlussdokument, 2019.
15. Vgl. Papst Paul VI.: Enzyklika Octogesima adveniens, 14. Mai 1971, S. 11.

16 Vgl. Papst Benedikt XVI.: Ansprache an das beim Heiligen. Stuhl akkreditierte diplomatische Korps, 8. Januar 2007.
17 Päpstlicher Rat für Gerechtigkeit und Frieden. Kompendium der Soziallehre der Kirche. Freiburg 2006, Absatz 463, S. 333.
18 Vgl. Papst Franziskus: Laudatio sí, Absatz 60.
19 Ebd.
20 Ebd., Absatz 135.
21 Vgl. ebd., Absatz 139.
22 Bischofssynode Sonderversammlung für Amazonien: Neue Wege für die Kirche und eine ganzheitliche Ökologie. Instrumentum Laboris Aachen, Essen 2019, S. 18.
23 Vgl. Papst Franziskus: Videobotschaft an die Movimientos Populares 2021.
24 Papst Franziskus: Laudato sí, Abschnitt 145.
25 Miguel de Cervantes: Der sinnreiche Junker Don Quijote von der Mancha, 2. Teil, Kapitel 16.
26 Vgl. Papst Franziskus: Gaudete et exsultate, Absatz 6.
27 Fjodor Dostojewski: Schuld und Sühne, Berlin 1956, 6. Teil, 2. Kapitel, S. 672.
28 Papst Franziskus: Predigt im Gästehaus der Vatikanstadt am 18. Juni 2018.
29 Ebd.
30 Papst Franziskus: Wage zu träumen! München 2020, S. 41.
31 Vgl. Papst Franziskus: Schlussdokument des Weltkongresses »Die Würde des Kindes in der digitalen Welt« 6. Oktober 2017.
32 Vgl. Papst Franziskus: Fratelli tutti, Abschnitt 176.
33 Vgl. Papst Franziskus: Ansprache im Aufnahmezentrum in Mytilene am 5. Dezember 2021.
34 Päpstlicher Rat für Gerechtigkeit und Frieden. Kompendium der Soziallehre der Kirche. Freiburg 2006, Absatz 164.
35 Ebd., Absatz 168.
36 Katechismus der Katholischen Kirche, Dritter Teil, 1. Abschnitt, Zweites Kapitel, Art. 10, II. Das Gemeinwohl, Absatz 1910, zitiert nach https://www.vatican.va/archive/DEU0035/__P6Q.HTM
37 Papst Franziskus: Fratelli tutti, Abschnitt 176.
38 Ebd., Abschnitt 180.
39 Papst Franziskus: Ecclesiam Suam, Abschnitt 85.
40 Ebd.
41 Papst Franziskus: Ansprache beim Neujahrsempfang für das Diplomatische Korps, 9. Januar 2020.
42 Papst Franziskus: Botschaft des Heiligen Vaters zum 6. Welttag der Armen, 13. November 2022.
43 Papst Franziskus: Videomensaje del Santo Padre Francisco para los Movimientos Populares, 16. Oktober 2021.

44 Papst Franziskus: Evangelii gaudium, Abschnitt 46.
45 Vergil: Aeneis, Leipzig 1975, Gesang XI, Zeile 362.
46 Päpstlicher Rat für Gerechtigkeit und Frieden. Kompendium der Soziallehre der Kirche. Freiburg 2006, Absatz 497, S. 353–354.
47 Papst Pius XII.: Weihnachtsradioansprache 24. Dezember 1941 (Absatz 22).
48 Papst Franziskus: Fratelli tutti, Absatz 256.
49 Vgl.: SIPRI-Yearbook 2021: Armaments, Disarmament and International Security, Oxford 2021, S. 14.
50 Papst Franziskus: Ansprache des Heiligen Vaters bei der Begegnung mit den Mitgliedern der UN-Generalversammlung, September 2015.
51 Papst Franziskus: Fratelli tutti, Abschnitt 173.
52 Papst Franziskus: Ansprache von Papst Franziskus bei Begegnung mit den Vertretern der Regierung, der Zivilgesellschaft und dem diplomatischen Korps, in Nur-Sultan/Astana, 13. September 2022.
53 Ebd.
54 Papst Franziskus: Laudato sí, Absatz 104.
55 Papst Franziskus: Botschaft Seiner Heiligkeit Papst Franziskus zur Feier des 53. Weltfriedenstages, 1. Januar 2020.
56 Papst Paul VI.: Ansprache des Heiligen Vaters bei der Begegnung mit den Mitgliedern der UN-Generalversammlung, 4. Oktober 1965.
57 Papst Franziskus: Ansprache Seiner Heiligkeit Papst Franziskus über Atomwaffen. Park des Epizentrums der Explosion der Atombombe in Nagasaki, 24. November 2019.
58 Apostolische Reise von Papst Franziskus nach Zypern und Griechenland, Besuch bei Flüchtlingen. Ansprache von Papst Franziskus im Aufnahmezentrum Mytilene, 5. Dezember 2021.
59 Octavio Paz: La vida sencilla, Das einfache Leben.
60 J. L. Borges: Geschichte der Ewigkeit. München 2005.
61 Botschaft von Papst Franziskus zum 106. Welttag des Migranten und Flüchtlings 2020, 27. Dezember 2020.
62 Vgl. Informe Mundial sobre Desplazamiento Interno 2020 – Observatorio de Desplazamiento Interno – Consejo Noruego para Refugiados. Verfügbar auf https://www.internal-displacement.org/sites/default/files/inline-files/GRID_Global_2020_Spanish_web.pdf
63 Papst Paul VI.: Botschaft an die Frauen, Schlussdokument des zweiten vatikanischen Konzils, 8. Dezember 1965.
64 Papst Franziskus: Wage zu träumen. München 2020, S. 83.
65 Papst Franziskus: Teilnahme an Der »Lac-Ste.-Anne-Wallfahrt« und Wortliturgie. Predigt von Papst Franziskus in Lac Ste. Anne, 26. Juli 2022.
66 Papst Franziskus: Pressekonferenz des Heiligen Vaters auf dem Rückflug aus Brasilien, 28. Juli 2013.
67 Papst Franziskus: Fratelli tutti, Abschnitt 23.

68 Vgl.: Caroline Matawaran: A Global Look at Femicide / Ein globaler Blick auf den Femizid. Woodrow Wilson Center 2021. Verfügbar auf: https://www.wilsoncenter.org/article/infographic-global-look-femicide
69 Vgl.: Weltgesundheitsorganisation: Female genital mutilation 2022. Verfügbar auf https://www.who.int/es/health-topics/female-genital-mutilation#tab=tab_1
70 Papst Johannes Paul II.: Apostolisches Schreiben Familiaris Consortio, Abschnitt 45.
71 Gabriela Mistral: Es la noche desamparo, Die Nacht, verlassen.
72 Papst Franziskus: Gott und die Welt nach der Pandemie, Freiburg 2021.
73 Päpstlicher Rat für Gerechtigkeit und Frieden. Kompendium der Soziallehre der Kirche. Freiburg 2006, Absatz 295, S. 221.
74 Papst Franziskus: Evangelii gaudium, Abschnitt 53.
75 Ebd., Abschnitt 54.
76 Vgl.: Kai Bucher, Tara Dooley, Céline Little, Claudia Gonzalez Romo, Zahra Sethna, Jordan Tamagni: UNICEF-Bericht, Progress for Children, Beyond averages: learning from the MDGs. United Nations Children's Fund, Nr. 11, 2015.
77 Dikasterium für den Dienst zugunsten der ganzheitlichen Entwicklung des Menschen: Oeconomicae et pecuniariae quaestiones. Überlegungen zu einer ethischen Unterscheidung bezüglich einiger Aspekte des gegenwärtigen Finanzwirtschaftssystems, 6. Januar 2018, Absatz 1.
78 Papst Johannes Paul II.: Sollicitudo rei socialis, Absatz 35–36.
79 Papst Johannes Paul II.: Centesimus Annus, Abschnitt 35.
80 Dikasterium für den Dienst zugunsten der ganzheitlichen Entwicklung des Menschen: Oeconomicae et pecuniariae quaestiones. Überlegungen zu einem ethischen Unterscheidung bezüglich einiger Aspekte des gegenwärtigen Finanzwirtschaftssystems, 6. Januar 2018, Absatz 32.
81 Päpstlicher Rat für Gerechtigkeit und Frieden. Kompendium der Soziallehre der Kirche. Freiburg 2006, Abschnitt 171, S. 137.
82 Ebd., Abschnitt 178, S. 141.
83 Papst Paul VI.: Ansprache auf der Weltkonferenz über die Landreform 27. Juni 1966.
84 Pastorale Konstitution Gaudium et spes über die Kirche in der Welt von heute, Abschnitt 71.
85 Papst Franziskus: Fratelli tutti, Abschnitt 119.
86 Ebd.
87 Auf Englisch gehaltener Vortrag von Italo Calvino vor den Studenten der Graduate Writing Division der Columbia University in New York, 29. März 1983.
88 Päpstlicher Rat für Gerechtigkeit und Frieden. Kompendium der Soziallehre der Kirche. Freiburg 2006, Abschnitt 177, S. 140.
89 Vgl.: Papst Franziskus: Fratelli tutti, Abschnitt 162.